本书为两岸协创中心福建师范大学两岸文化发展研究中心研究成果
福建社会科学院年度项目成果
福建省文化产业研究策划基地资助成果

# 魔杰座的
# 八度空间

管　宁　主编

江苏大学出版社
JIANGSU UNIVERSITY PRESS
镇江

# 目录

# JAY

# 周杰伦何以成为青少年偶像

王旭明

在 2012 年底腾讯网举办的年度教育盛典上，教育学者孙云晓公布了一项调查结果。这项结果表明，根据中国青少年研究中心的调查，排在第一位的最受中小学生欢迎的偶像就是周杰伦。这，令很多人感到不可思议。当日，我发表一篇微博如下："一调查结果说当前

青少年偶像，排在第一位的是周杰伦。有人据此称娱乐明星正取代主流形象，应该警惕。我以为，周杰伦能说会唱还能演戏，自己作曲又弹钢琴，打篮球、玩双截棍、有素养，绝对是个全面发展的典型，当下青少年好有眼光！我奇怪，我们有那么多娱星、超男超女还有什么'中国好声音'，竟无一个周杰伦！"短短一天多时间，该条微博竟有六千多粉丝转发，意味着成千上万的人在浏览、在讨论。评论者中，几乎百分之百都是周杰伦的拥趸，其中不乏赞美之词，如"我永远爱你"、"你伴我十年成长，还将伴我终生"之类的语句，其真挚和情浓程度令笔者都深受感动。

周杰伦何以成为青少年偶像？从粉丝们几千条的回复评论和发自肺腑的感受中，我了解、学习了，也思考了许多。

首先，当然是周杰伦的才艺。周杰伦的演唱无疑是特色鲜明的，其曲风自然，再配上雅致的歌词，深受广大听众、尤其是青少年的喜欢。有人评论说，周杰伦是 2000 年后亚洲流行乐坛最具革命性的创作歌手，其才华不仅体现在超强的现场即兴创作能力和对乐理、各种乐器的精通，还体现了颠覆常人、不落俗套的创作思路。周杰伦在乐曲中融入爵士乐、蓝调、摇滚等各种音乐元素，效果十分独特。周杰伦说："一个人不想做退却的懦夫，就应该像蜗牛一样，一步一步地往上爬。如果你一直追求下去，那么，天下还有什么事搞不掂呢？"

其次，便是周杰伦才艺的多样性。他不仅会唱歌，还会演戏，弹一手好钢琴，尤其擅长谱曲。"我要一步一步往上爬 / 等待阳光静静看着它的脸 / 小小的天有大大的梦想 / 重重的壳裹着轻轻的仰望"，周杰伦作词作曲的《蜗牛》清新迷人，已入选上海市中学生爱国主义歌曲推荐目录。值得注意的是，港台很多歌手的成名作或代表作是由他谱曲而成，如李玟演唱的《刀马旦》、张韶涵演唱的《亲爱的那不是爱情》、蔡依林演唱的《说爱你》、容祖儿演唱的《小小》、梁咏琪演唱的《给自己的情歌》、S.H.E 演唱的《触电》、郭富城演唱的《爱情》、梁静茹演唱的《失忆》、许茹芸演唱的《手写爱》、罗志祥演唱的《自我催眠》、陈小春演唱的《我爱的人》、刘德华演唱的《一壶乡愁》、张学友演唱的《算命》、王力宏演唱的《打开爱》，等等。费心找了这么多，只是想说明，周杰伦不是靠脸蛋、更不是靠青春吃饭的，他红遍华语乐坛十数年的原因是：努力 + 才华。

周杰伦的艺术才能的多样性、多面性和多元性，值得我们音乐工作者和教育工作者反思。我在另外一条微博中写道："一个值得大陆音乐和教育工作者反思的现象：相对大陆之大，港台地区弹丸之地，却涌现出一大批如周华健、童安格、齐秦、王杰、张雨生、罗大佑、李宗盛、周杰伦这样的能唱能写的多面手，还有香港'四大天王'黎明、张学友、刘德华、郭富城能演能唱，泱泱祖国大陆为何找不出几个？！多元化、多样性、多面手，来兮——"

周杰伦成为青少年偶像的第三点原因，我认为也是最主要的，就是他为人真诚、善良和低调，不事张扬。某报纸总编辑曾发信息给我："吾兄有所不知，杰伦小弟还在大陆捐献了二十所希望小学！更有所不知，他每年还要巡回视察，与孩子们同唱共乐打篮球！还有所不知，咱这个杰出的小弟从不让媒体宣传。"这条信息令我唏嘘不已。之前，体育明星邢傲伟在自己的微博上转发了一条信息："发现周杰伦一件大事，关于汶川地震捐款的事。媒体报道他捐了五十万，但后面却没追踪，以周杰伦低调个性就没出面澄清。看了后我曾经也骂过他。原来他捐了四千二百万，却没有高调地大喊！四千二百万啊，比成龙他们捐得都多！偶像，绝对的偶像！这就是高调做事，低调做人。你绝对的励志！"

没有这位总编辑的信息及刻意查找，我还真不知道杰伦如此高妙的人品。见过许多艺人、企业行善，如影随形的几乎都是媒体的大肆渲染和近乎肉麻的炒作。周杰伦行善至此，大有弘一法师弃世求清之风骨了。这一点从网友们在我微博的评论里也可以充分领略。有一位网友说得真好："大叔，算你有眼光，杰伦是真正一起陪我们成长的偶像，有理想、有担当、重亲情、讲义气，歌里充满正能量。他低调做人，高调做事。虽然杰迷都已渐渐长大，不像其他脑残粉，为自己的偶像在网上闹腾，但这么多年，杰伦像家人一样。所以，就算我们都已经老去，也会高喊那句口号：无以伦比，为杰沉沦！"还有网友评论说："杰伦和一般歌手不同，他把家人和朋友放在第一，教会我们做人，歌曲很励志，在我们遇到困难时会去听他的歌，不管是什么领域的人，首先学会做人才能得到别人承认。"说到周杰伦为人真诚，有网友直截了当地说："周董自己都承认自己爱装，但总比那些装完还不承认的公众人物好得多。"有网友说，抛开他的才艺和其他品德不说，仅就孝敬自己的妈妈这一点，就值得所有人崇拜！

周杰伦成为青少年偶像的第四个原因还在于他不像绝大多数娱乐圈人那样脑残，他有思想、会思考，有自己的独立见解。周杰伦在北京出席某次颁奖礼活动时曾经公开表示："虽然《江南 Style》蛮好笑，但华语歌曲更厉害。不要被韩流追上，所有艺人要联合起来，不要再《江南 Style》了。"他强调说，这不是抵制，"《江南

Style》很好，但是现在很多颁奖典礼放的都是韩流的歌曲，放华语的那么少"。他也从不回避自己的过去。在一次接受采访时，他直言："我唯一的遗憾是大学没有考上，但说到没有上大学究竟有什么实质缺失呢？我想应该是缺了大学生活的经验吧。我当年虽然是没有上大学就进了唱片公司，但也经历过闲来写歌赚钱、有空打打篮球的生活。我感觉这种生活也蛮像个大学生。"拍武打片，他强调个性："成龙动作片有成龙的风格，李连杰武打有李连杰的风格，那我的周式动作片，当然要跟他们不一样。"何种不一样？周杰伦说，他要边唱边跳边打，因此他选的武行，不仅能打，还要懂音乐："对手得知道我唱到什么地方的时候该过来动手，不然没法儿拍。"

　　行文至此，一个懂艺术，有多方面才华，为人真实、诚恳、质朴且有思想的年轻人活脱脱地呈现出来，怎么会不成为当代青少年的偶像呢？！其实，不仅是青少年，所有娱乐界的艺人、主持人、研究娱乐界的学者们，都应该学学周杰伦。果能如此，当下娱乐圈就会规范多了，娱乐队伍也就好带了……

作者为语文出版社社长，教育部前新闻发言人

# 1 镜像

## 周式音乐与流行文化

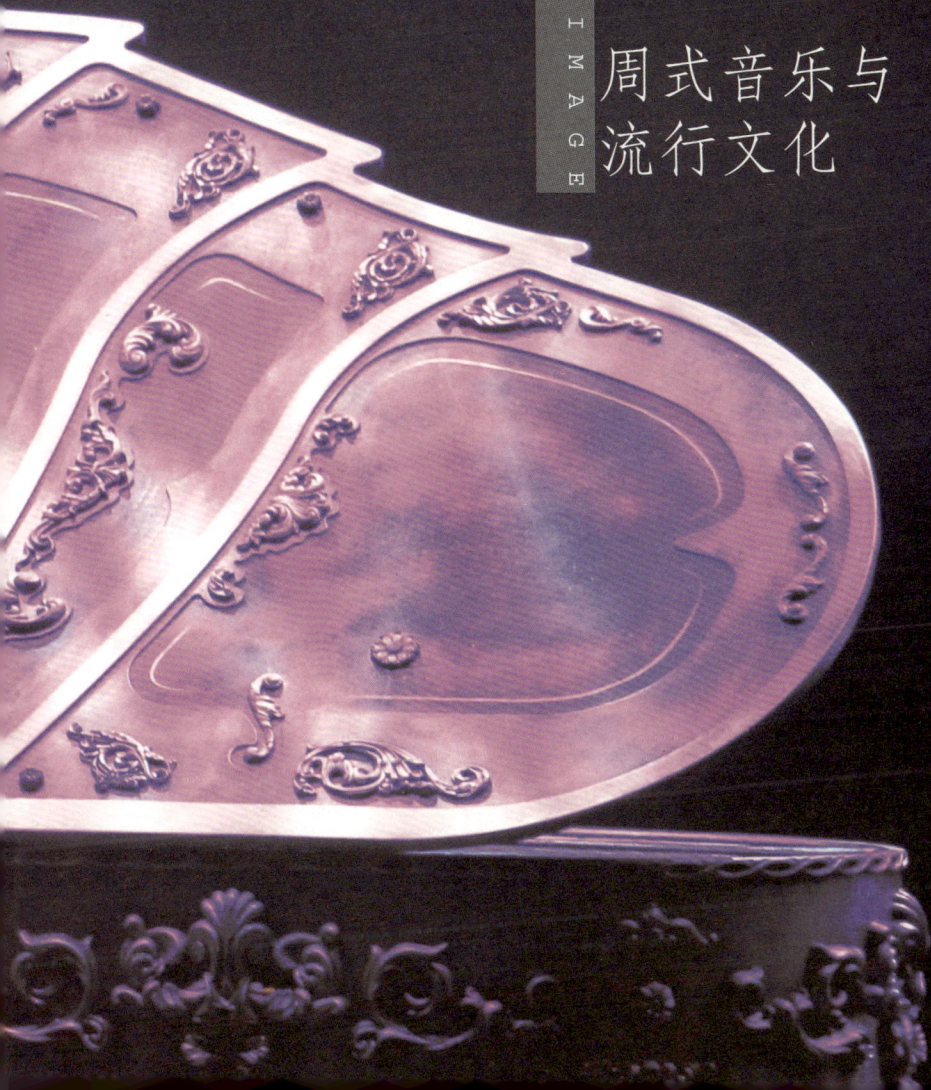

# 周式音乐

*颠覆与融汇*

　　从出道至今，走过十五载光阴的周杰伦，留给华语流行音乐乐坛的作品显然已经异常丰富了——十三张专辑和众多精美的MV，还有为数不少给其他艺人谱的曲子——但人们依然相信他将会留下更多的音乐作品。虽然，预测未来总是要担当风险的，但是考察他的音乐及其相关文化现象，不仅时机恰当，而且无须承担风险。当然，关于周董的研究已有不少文字，如何透过分析阐释出新鲜的见解，却依然是一桩并不轻松的考验。

　　当代华语流行音乐所置身的无疑是一个群雄逐鹿、竞争激烈的商业社会环境，作曲者和歌手不仅面临音乐才能的比拼，还必须跟上音乐录制技术和生产方式的更迭，更要受到商业、资本、消费和媒介法则的制约。流行音乐的生存环境之严酷是不难想象的。对此，研究者们分析了种种成功和失败的经验，提出了诸多观点，甚至给出了各种锦囊妙计。在他们看来，创作（作曲、作词）作为流行音乐的关键性环节，决定着最终的成败，这个过程需要把握的是如何处理好创作者的一厢情愿与受众趣味之间的关系，是坚持自身音乐个性，还是契合大众需要，抑或力求寻找到二者间的平衡点，这是伴随并困扰每一个创作者（歌手）的问题。另一种观点更倾向于迎合大众需求，认为流行音乐之所以能够流行，就是一定要在迎合大众趣味和市场标准的前提下有所创新，以适应潮流，进而成为大众流行时尚的引导者。因此，成功的创作者（歌手）往往被描述为处理这二者之间关系的高手，但在我们看来，每一个优秀的创作者（歌手）之所以能开创属于自己的时代，其中的因素要远比这种分析来得复杂。

诚如有些研究者指出的那样，文化多元化构成美国流行音乐的特质，也就是说，美国流行音乐的主要魅力源于吸收了来自世界各地成熟的音乐曲风。但这样的说法只是描述了问题的一个方面，却忽略了创作者自身选择与转化的能力和独特性——主体的创造能力才是一切问题的关键。在我们今天这个文化交流如此频繁、便捷和密切的时代，流行音乐的创作者所接触的音乐文化总是纷繁多样的，任何人都可以轻而易举地获得足够的音乐和文化资源。因此，文化多元化并不是产生流行音乐魅力的唯一因素，甚至不是重要因素，而是还有许多相关因素的共同作用。比如，多元文化存在的社会环境和人文环境决定着多元文化是否能被自由地传播和接受；比如，创作者自身的文化观念和音乐素养决定着他吸收什么和不吸收什么，以及吸收的数量和怎样吸收、又怎样改造；等等。也就是说，创作主体自身因素更具有决定性意义。

　　今天来看周杰伦，他音乐世界的丰富性是有目共睹的：自幼受过良好的古典音乐训练，让他可以在钢琴和大小提琴等器乐的伴奏下吟唱通俗情歌；而西方当代流行音乐中常用的 R&B 旋律和即兴 Rap，也能被他以或诙谐、或幽默的方式融入充满中国文化元素的歌唱之中；将中国富有诗意的婉约和柔美曲调，配上方文山充满古典文化意象和符号的歌词，创造性地演绎出中国风歌曲。从嘻哈风格到摇滚曲风，从忧伤情歌到婉约古韵，从另类 Rap 到电玩音效，从高亢歌剧到说唱结合，从巴洛克式到探戈旋律，从宗教福音到 Acid-Jazz 曲风，他如同音乐魔术师一般，将西方与东方、现代与古典、艺术与宗教、学院与民间等众多曲风和音乐元素，甚至连日常对话与交谊舞曲都作为作曲素材，进行巧妙融合，幻化出一个奇异的音乐世界。这种融合又是那样富有个性，那样具有令人意想不到的奇妙效果。我们切不可以为做到这些皆得益于周杰伦的音乐天赋，事实上，音乐才能固然是成就他的重要因素，而他对于生活的独特体验和感悟，更是扮演着极为重要的角色。

　　情歌从来都是流行歌曲的主力军，也往往是一个歌手最初打动和吸引听众的主题，但每一个歌手介入情歌的方式、打动听众的理由又是各不相同的。穿越流行乐坛的时光隧道，我们聆听过甜美清纯的梦幻式爱情憧憬；感受过声嘶力竭、冲击心灵深处的极致爱念；
陶醉过清丽悠扬、古韵悠远的至情至性；领略过大气磅礴、豪气冲
天的旷世奇情……那些风格独特、曲调迥异、广为传唱的流行情歌，
都成为特定时代的经典音符。然而，如同流淌在生命之河中的情爱
之流永远不会停歇一样，艺术创造的空间也永远是无限丰富、广阔
和多样的。生命的冲动赋予艺术不竭的动力，艺术的丰富又诠释着
生命的丰沛。新千年伊始，一个几乎青涩得不能再青涩的音乐新手，
携带着他发自内心冲动的歌曲步入高手云集、群星璀璨的流行乐
坛，开始了他不同凡响的音乐人生。

　　一夜之间卷起流行乐坛旋风的周杰伦，最初的情歌选择的是一
种纯净、简单和带一点儿执着的曲风，《星晴》《简单爱》《晴天》《时
光机》《可爱女人》《回到过去》等，把校园里摒弃世俗功利的懵懂
恋情、青涩纯爱表现得清新自然、真切细腻。其中难免也有淡淡的
忧伤和无奈——甜蜜的爱情总伴随着伤心的情感体验，如《龙卷风》
《说好的幸福》《雨下一整晚》等，但就是伤心也是那样简单、透明
和真纯。这种曲风几乎贯穿了周杰伦此后创作的所有情歌之中，甚
至在 2014 年 12 月发行的专辑《哎呦，不错哦》中的《手写的从前》
依然表现着童真般的恋情。当然，这远非周式情歌唯一的表现和表

达方式，他创作的情歌也远非仅此一种风格。在他的脍炙人口的中国风歌曲系列中，大部分都是情歌——以古典意象的现代表达为显著特征的情歌——含蓄、内敛，婉约、隽永，韵味十足、意境深远。虽然《东风破》《千里之外》《发如雪》《菊花台》《青花瓷》《兰亭序》《烟花易冷》《红尘客栈》《天涯过客》等从中国古典文化宝藏中择取出的种种经典元素，在历史的长河中曾出现在无数文人墨客的笔端，也因此深深镌刻在人们心上，成为深深眷念的审美记忆。但奇特的是，就是这些人们熟悉的意象，经由方文山的重新组合、编织，融合在古韵十足的曲调之中，竟成就了一种全新的审美意趣。《青花瓷》《烟花易冷》借助古典意象，含蓄、委婉地表现恋爱过程中一种常常无法回避的心理状态——期待与等候。《青花瓷》不仅将中国瓷器中具有柔美之韵、素雅之质的青花瓷器作为意象来表达情愫，更巧妙的是通过突出一个"等"字，渲染出思念与期盼之情："天青色等烟雨／而我在等你"，这样的表达除了将现代句式融入古典元素外，更有充满寓意的类比和含蓄的美感——古人要在瓷器上烧制出天青色需要的不只是技艺，还要自然界的助力，传说只有在烟雨天气中烧制瓷器，才有可能获得素雅柔淡的天青色，等候那种可遇不可求的天赐机缘，恰如情人之间的偶遇和偶遇之后的期许、等待。在这里，方文山以青花瓷的秀丽清雅及其背后丰富的历史符码做底色，将含蓄委婉、缠绵悱恻的情愫演绎得诗意盎然、唯美至极；而周杰伦以韵味醇美、委婉清雅的曲调，辅以鼓、古筝、笛子、木鱼、弹拨乐等中国古典器乐，结合西洋管弦乐的弹奏，如行云流水般谱写出音韵古雅、情愫缠绵、旋律婉转的情歌。

词作者方文山曾设想用具有典型的中华文化符号意义的青铜器

和汝瓷为意象来写情歌，但因青铜器过于厚重，汝瓷色调又偏于单一，皆不适合表现优美而又缠绵的情愫，而最终选择青花瓷。如今看来，唯有青花瓷那种素雅纯净、轻倩柔美的图案与色彩，更能贴切地表达恋情。《青花瓷》中还有许多意象源自江南——炊烟袅袅、泼墨山水、帘外芭蕉、江南小镇，不仅有密集的江南文化意象，而且连接着深厚悠远的古诗流脉——南唐后主李煜《长相思》中就有"帘外芭蕉三两窠，夜长人奈何"。雨中芭蕉的描写更为古人所偏爱，古诗中可谓比比皆是：黄庭坚《红蕉洞独宿》"枕落梦魂飞蛱蝶，灯残风雨送芭蕉"；叶小鸾《夜雨闻箫》"一缕箫声何处弄，隔帘微雨湿芭蕉"；蔡汝楠《秋山积雨》"络纬吟愁连蟋蟀，梧桐滴雨间芭蕉"；张栻《偶作》"退食北窗凉意满，卧听急雨打芭蕉"……对芭蕉意象的偏好，在周杰伦、方文山合作的其他曲目中也有表现：如《兰亭序》"雨打蕉叶／又潇潇了几夜"。这种深深根植于传统文脉的江南雨中芭蕉的意象，既给歌词呈现的画面涂抹上淡雅的水墨意味，又以独特的现代句式变化，传递和营造出一种另类意趣。《青花瓷》"帘外芭蕉惹骤雨／门环惹铜绿／而我路过那江南小镇惹了你"，连续三个"惹"字，将通常芭蕉、门环被雨水侵袭、侵蚀的被动态变为主动态，从而流丽自然地与后面的"而我路过那江南小镇惹了你"这一主动态相衔接，不仅文气贯通，而且充满了内在律动，是主人公内心充盈情感的一种曲折表现。无独有偶，《兰亭序》则连用了三个"怨"字——"心事密缝绣花鞋针针怨怼 / 花若怨蝶 / 你会怨着谁"，内心缠绵纠结、爱怨交织的情感被一针针、一线线地缝进了绣花鞋，而原本恋花的蝴蝶，却可能被花所怨，倘若那样，你又会怨谁呢？如此形象的类比和巧妙的假设，微妙而又传神地表现出恋人之间欲说还休、既爱又怨的复杂心理。《东风破》中凸显的是琵琶琴音、村野荒烟，而在古道、篱笆、烛火、孤灯和荒烟蔓草等意象的映衬下，伤别的悠悠离愁成就了一曲不朽情歌。《菊花台》《烟花易冷》《红尘客栈》《天涯过客》亦有大量古典意象，歌词中将不同意象进行巧妙组合与转意，构织出既有浓郁古韵又有鲜明现代烙印的审美意趣，加之周杰伦融合中国民间音乐和古曲的旋律，把熔铸着丰富古典元素的现代情歌演绎成流行音乐的精华之作。事实上，透过这些精心构思、精巧营造的词曲，我们可以预期的是，最终能长久流传于世的必将是这一批古典韵味隽永、现代意趣浓厚的中国风歌曲。

很显然，周杰伦的现代情歌多半源自其对青春的独特体验，而仿古歌词的中国风情歌则以源自传统而又颠覆传统的周式曲风，得到相当广泛的受众群体的青睐，开创出一个时代的中式流行歌曲，在当今世界范围流行音乐领域具有特殊地位。但这还只是他富有创造性的音乐世界的一部分，就是中国元素的表达，也还有《双截棍》《本草纲目》《龙拳》《双刀》《乱舞春秋》等歌曲，呈现的是另一种以糅合现代西方流行音乐各类唱法为基础的曲风，但一样具有颠覆性，充满周杰伦自己的理解和音乐特性，更适合青年一族，甚至在西方青年中也拥有一定影响。R&B、Rap、Hip-hop 等曲风形式的引入，把古老的武术、中医等中国元素演绎成时尚流行歌曲，打开了一扇全新的窗口。流行音乐本身具有贴近大众生活的特点，就歌词内容而言，多半取材于当下的日常生活，而周杰伦的音乐天赋则很好地将传统文化元素与来自西方的流行音乐相结合，不仅赋予传统内涵以时尚和流行的表现形式，而且关注于音乐的生活性和愉悦性特征，将抽象的文化符号与概念转化成生动、欢快的节奏，如《双截棍》中既有"仁者无敌"的武术理念，又有以"哼哼哈兮"的生活化语言营造气势的表现方式，而整个音乐曲式与节奏都完全是西方流行音乐风格——既能融合传统元素，又能接地气，呈现生活气息，同时颠覆了以往流行音乐的嘻哈风格，创造出令人耳目一新的音乐世界。

倘若说周杰伦把少年时的青春体验以独特的情歌音乐方式表达出来，唤起听众少年时代记忆，粉丝们则更多地是借助音乐与偶像共同追怀逝去的纯情年代、舔舐曾经的别离伤痛，向青春致敬，由此，情歌成为他拥有大批青少年粉丝的核心要素。那么，其他众多主题的音乐作品——亲情、友情、励志、反战、反贪、反毒、功夫、环保、历史、游戏、魔术等，则从不同的面向塑造着周杰伦作为一个充满正能量的流行歌王的立体形象。在各种题材的歌曲中，周杰伦特别善于将看似与音乐无关的元素编织进他的作品，这固然表明他具有出色的音乐才能——没有足够的音乐驾驭能力，无疑是难以把杂乱的元素通过音符转化成或流畅、或欢快、或激越、或幽默、或诙谐的听觉感受的。倘若再悉心考察，便会发现，那些庞杂的元素都来自于日常生活，只是周杰伦富有一种将平凡之物化为音乐妙思的才情。

表现亲情的歌曲是周杰伦内心深处人性温情的重要体现，也是他感念亲人、孝敬长辈的心态流露。《听妈妈的话》通过塑造一个听话懂事的乖孩子形象，表露了孩子对母亲的款款深情，"妈妈的辛苦　不让你看见……/ 有空就多多握握她的手 / 把手牵着一起梦游"，"听妈妈的话　别让她受伤 / 想快快长大　才能保护她"。

歌词语言直白、语意晓畅，传递出传统的孝敬长辈的思想，唱腔却是俏皮活泼、略带幽默的 R&B, 适合新一代少年儿童的欣赏习惯。现实生活中，周杰伦对长辈非常孝顺，经常安排母亲和外婆观看他的演唱会，让亲人与自己共享音乐盛会和成功喜悦，他甚至让外婆在《迷迭香》的 MV 中扮演了一个角色。在"无与伦比"演唱会上，他为坐在台下观看的外婆倾情演唱了一首《外婆》，这是他专门为外婆创作的歌曲，歌词浅显易懂，叙述外婆生日那天，自己开着老爷车、穿着复古西装前去看望，且深知老人需要的是什么，于是便有了情真意切的"她要的是陪伴／而不是六百块"这样朴素的语言，而曲调则运用饶舌等现代音乐形式，整首歌的主题是呼吁对老人多加关爱、多多陪伴。

对于亲人的至爱至情，体现着周杰伦情感中向善向美的优质内核，也正是从这个内核出发，一系列的主题都呈现出正能量的指向和力度。但这些社会正义、文化正义和生活正义的表达，绝不是从空洞的概念和道理出发，而是常常用生活化的场景、通俗性的语言来表现，鲜活灵动、明白易懂，只是其中的句式变换、遣词造句和意义呈现，打上了周杰伦、方文山所具有的独特风格——这显然是周杰伦试图打破和颠覆以往流行音乐（歌词）寡臼所进行的尝试。

事实上，就音乐而言，周杰伦的追求就是要酷、与众不同、新奇特异，艺术发展的内在动力就是不断出新、超越、引人入胜；但对歌词内容，周杰伦则强调要保持传统，要有正能量，体现中国风。如此结合，使正能量的内容以酷（新颖奇特、另类别致）的方式得到真正有效的传播，不仅创造了华语流行乐坛跨时代的音乐奇迹，而且让广大青年及更多的受众借助音乐的欣赏获得传统文化的熏陶和教育，这正是我们今天文艺创作所要达到的目标。

无怪乎教育部前发言人、语文出版社社长王旭明说："文化不是大话堆起的、巨资买来的和牛皮吹出的，文化不是豪华包装和巨资制作的空洞，文化就要多点周杰伦！"

管宁（福建社会科学院研究员、《福建论坛》杂志社总编辑）

# 审美视域下的
# 周杰伦武侠音乐文化①

① 本文所涉及的歌曲、歌词及音乐电视的相关内容均来自QQ音乐资源。

从 2001 年的《忍者》开始，周杰伦歌曲中始终贯穿着一条武侠脉络，代表曲目有：《忍者》《双截棍》( 2001 年《范特西》专辑 )、《龙拳》( 2002 年《八度空间》专辑 )、《双刀》( 2003 年《叶惠美》专辑 )、《夜的第七章》( 2006 年《依然范特西》专辑 )、《霍元甲》( 2006 年《霍元甲》电影原声带 )、《无双》( 2007 年《我很忙》专辑 )、《周大侠》( 2008 年《大灌篮》电影原声带 )、《红尘客栈》( 2012 年《十二新作》专辑 )《天涯过客》( 2014 年《哎呦，不错哦》专辑 )。周杰伦有浓重的武侠情结，痴醉于想象中的江湖武林，注重在音乐中表现与推广中华武术文化；彰显个人英雄气节与民族精神；推崇"仁"的儒家思想；借鉴西方音乐，融合中国古典民乐，形成武侠音乐的交融或悖反的"复调性"；接续中国传统文脉，营造虚实相生、动静相宜的中国传统意境（这也反映在其音乐电视的许多画面中）。周杰伦武侠音乐文化散发着古典传统文化之光，呈现出浓浓禅意和悠悠古风，形成动静相生而又矛盾统一的周式武侠音乐审美风格。

## 武侠音乐对武术的表现与推广

周杰伦武侠音乐中的武术多数是真实的，不是变形的、夸张的、臆想的武术，而是现实生活中存在的。他灵活地抓住多种武术门派的独特性质，融合在武侠音乐作品中，独放异彩。《忍者》写出忍者的"忠心"与"坚忍"："忍者的物语／要切断过去／忠心是唯一""隐身要彻底／要忘记／什么是自己"，一针见血地指出忍者的信仰与修炼方式。"这里／忍者蒙着脸／在角落吹暗箭""心里／幕府又重现"，吹暗箭是忍者偷袭的手段之一，也是其特色之一。"幕府"真实地点出忍者生活的时代，也指出忍者效忠的对象。寥寥几句，忍者的信仰、修炼方式、攻击武器、效忠对象逐一显现。《双截棍》曲名本身即是真实的一件奇门武器，双截棍的特点"柔中带刚"，训练方法"呼吸吐纳心自在""气沉丹田手心开""日行千里系沙袋／飞檐走壁莫奇怪／去去就来""一个马步向前／一记左勾拳右勾拳""我打开任督二脉"，甚至将动作细节分解描写为"漂亮的回旋踢"。结合"双截棍"棍法的真实练习方法来看，歌词中的描写是有依据的。

　　《龙拳》实为少林五形拳中真实存在的一种拳法，在这首歌的音乐电视开始之时，有《龙拳》拳谱的旁白："脚同时飞起……六章四书……握拳在腰……冲拳为主"，将龙拳的动作要义全部念出。在画面中，导演还直接展示龙拳的动作，他用虚线勾勒出人物剪影，以中国特有的剪影构成动画，简洁地表现龙拳的基本套路，同时，

① 新浪读书文章：《周杰伦的奇特幻想力：从范特西到叶惠美》，http://book.sina.com.cn/excerpt/sz/mx/2011-05-03/1825285961.shtm

画面中还出现真实人物演示龙拳。虚实相生，将龙拳招式展现得淋漓尽致。《霍元甲》也写出了"霍家拳"的特点："拳脚了得""套路招式灵活"。一位流行音乐歌手能将多门派的中华武术客观而真实地表现出来，还能将其融入多变的曲风之中，实属难能可贵。

周杰伦的武侠音乐作品客观上也为武术传播做出贡献，不着痕迹地弘扬着中华武术文化。周杰伦本人喜爱看中国武侠电影，《双截棍》则因此而作①。《双截棍》搞笑的歌词、多变的曲风，使得"快使用双截棍/哼哼哈兮"成为街头巷尾风靡之调，许多年轻人甚至因此曲与双截棍结缘，开始练习双截棍，这是歌曲推动武术文化及其精神传播的典范。2008年的《大灌篮》电影原声带中，周大侠更以嘻哈的态度唱出中国功夫，将"功夫"与中国特有的食物"豆腐""搅拌"在一起。"功夫"一词被反复吟唱，听众觉得朗朗上口，对宣扬中国功夫极有效果；而豆腐十分软滑，又是极为易碎之物，用豆腐训练功夫，即为上乘功夫。滑稽戏谑的歌词、简单的嘻哈曲调，让武侠音乐载着"功夫"飞向世界。

《双截棍》《忍者》《龙拳》《霍元甲》等传递出"仁爱""义""忠"的传统儒家思想，这也是武术精神要义。在道德底线层层失守的今日，重倡"仁""忠"等武侠精神，对于提高国民道德素质十分必要。

除了"双截棍""忍术""龙拳""双刀""霍家拳",周杰伦的武侠音乐中还出现了"铁砂掌""杨家枪""金钟罩铁布衫""太极"等武术术语。《双刀》的音乐电视画面最后还出现了"武当派"。这些武术门派或种类虽然在周杰伦的武侠音乐中只是一笔带过,但对于传统武术的弘扬已体现出周杰伦的心力,他使古老的中国武术文化通过周式音乐的传播走向大众、走向国际,重新焕发出夺目光彩。

### 个人英雄气节与民族精神的交融

周杰伦的武侠音乐充分表现了无所不能的个人英雄气节。《双截棍》描述"飞檐走壁莫奇怪 / 去去就来""一句惹毛我的人有危险""如果我有轻功 / 飞檐走壁"。《霍元甲》展示了他对于精湛武艺的自信:"我的拳脚了得""过错软弱从来不属于我""我们精武出手无人能躲"。《龙拳》中的歌词"我右拳打开了天 / 化身为龙 / 那大地心脏汹涌 / 不安跳动 / 全世界的表情只剩下一种 / 等待英雄 / 我就是那条龙",将"我"塑造成全世界呼唤等待的"英雄"。如果说《双截棍》和《霍元甲》还体现着个人对自我功夫的自信,并不脱离武功实际,那么在《周大侠》《龙拳》和《无双》中,个

① 亚伯拉罕·马斯洛：《动机与人格》，许金声译，中国人民大学出版社，2007年，第4—5页。

人的武侠力量被夸大到无限，对于整个世界都有着无穷的操控力。如"我稍微伸展拳脚／你就滚到边疆"（《周大侠》），"把山河重新移动／填平裂缝／将东方的日出调整了时空／回到洪荒／去支配去操纵"（《龙拳》），"我命格无双／一统江山""我削铁如泥""让我君临天下的驾驭"（《无双》），这些音乐作品中的"我"总是自信满满、无所不能、所向披靡，具有强烈的个人英雄主义色彩。从心理机制而言，这十分契合青少年听众坚信自我、想要改变世界的迫切愿望。马斯洛提出人有七种不同层次的需要：生理需要、安全需要、爱与归属的需要、尊重的需要、自我实现的需要、认知和理解的需要、审美需要①。绝大多数青少年正处于需要获得尊重、需要实现自我价值的层次。个人英雄主义满足了青少年实现自我的愿望，他们在周杰伦的武侠音乐中，伴随着阵阵鼓声，幻想自己化身为龙，改变世界，成为英雄，激发出蓬勃的生命热情。

　　周杰伦武侠音乐中不仅有个人英雄主义，也有着浓厚的民族主义精神。《龙拳》的歌名就带有浓厚的中国特色，歌词中多次使用中华民族典型意象："敦煌""长城""汉字""黄河""泰山""长江"等，这些历史遗迹、山川河流都积淀着中华民族的历史文明，是中华民族的典型符号。歌词中对这些意象做重点描绘，证明"我"

不仅是无所不能的"英雄",而且深爱着中华民族;渴望着民族腾飞:"以敦煌为圆心的东北东／这民族的海岸线像一支弓／那长城像五千年来待射的梦／我用手臂拉开这整个土地的重","民族的海岸线"是一支"弓","长城"像"五千年来待射的梦","我"用"弓"将"梦"射出去,则寓意着渴望实现民族腾飞。《霍元甲》中的人物"霍元甲"是清末著名爱国武术家,提倡"以武保国强种",获得孙中山先生的高度评价。针对俄国人、英国人侮辱国人是"东亚病夫",霍元甲用家传"迷踪拳"威慑而胜,壮我国威。《霍元甲》既为颂扬霍元甲先生事迹而作,自然也宣扬着浓郁的民族主义精神。周杰伦武侠音乐浸润着浓厚的民族荣誉感,寄寓着对中华民族早日腾飞的美好祝愿。

## 武侠音乐文化中的儒家思想

贯穿周式音乐内核的是中国传统的武术伦理文化,具有鲜明的民族文化特征,展示出中国传统儒家伦理思想的精髓。"中国传统儒家思想的核心是'仁',以'仁爱'为基本伦理思想所派生出的'忠、孝、智、仁、勇、宽、信、敏、惠、温、良、恭、俭、让'等道德

① 王军：《传统武
德对儒家伦理思想的
汲取及融通思微研
究》，山东师范大学
2003 年硕士学位论
文，第 17 页。

② 王军：《传统武德对儒家伦理思想的汲取及融通思微研究》，
山东师范大学 2003 年硕士学位论文，第 11 页。武林流传的"八
打"：打眉头双眼、打唇上人中、打背后骨缝、打鹤膝虎头、
打破骨千斤、打穿耳门、打肉肋肺腑、打撩阴高骨；"八不打"：
不打太阳、不打对心锁口、不打中心两闭、不打两肋太极、
不打两肾对心、不打两耳弱风、不打海底撩阴、不打尾间丰府。

标准，一直以来是传统武术伦理思想的核心。"①孔孟都主张"仁"，
"仁"的思想内涵广泛而又深刻，囊括仁爱、朴实、宽容、坚毅、
谦逊等优秀传统道德品质。儒家"仁"的思想深刻渗透在中国传统
武侠文化中，成为周杰伦武侠音乐文化的内核。《双截棍》说出了
武侠精神的主旨："习武之人切记 / 仁者无敌"，"仁"成为武林对
决所向披靡的最好武器。

　　"仁"首先体现为"仁爱"，《孟子·公孙丑上》："无恻隐之心，
非人也；无羞恶之心，非人也；无辞让之心，非人也；无是非之心，
非人也。"恻隐之心、羞恶之心，即为怜悯、是非之礼，这在周氏
音乐中多有反映。

　　周杰伦武侠音乐中的恻隐之心表现为仁爱原则，主要反映在三
个方面。第一，体现在个体与个体的斗争中。人们演练武术的目的
在于强身健体、锄强扶弱乃至保家卫国，而不是欺民霸世、为害一
方。我国传统武术决斗一般以"先礼后兵""点到为止"为打斗原
则，如武林中流传的"八打"与"八不打"②，使用武术的最终目
的在于制止对手，而非重伤对手，习武并不为争天下第一。《霍元
甲》歌词中写道："天下谁的 / 第一又如何"，"我的拳脚了得 / 却
奈何徒增虚名一个"，习武者并不在乎名利，仅为修身养性。"止干

戈 / 我辈尚武德"，面对争斗"以德服人"，讲究"点到为止"，不取人性命。《霍元甲》MV 中，由李连杰扮演的霍元甲与西方人决斗，则以霍元甲手取标枪直指敌人喉尖为胜，点到即止。第二，体现在歌曲中对天下苍生的怜悯。《无双》中的"我"作为征战南北、战无不胜的王，在面对异族的侵略之时，奋起反抗。但是王的"青铜刀锋 / 不轻易用"，在王的心中"苍生为重"。王的刀不刺向平民百姓，只刺向仇敌，"破城之后 / 我却微笑绝不恋战"，不似其他残酷的君主破城之后还要大肆杀戮，面对残兵败将，王放其一条生路。王在战争的"狂胜之中"，却感受不到欣喜若狂，而是"黯然语带悲伤"，这样的"悲伤"背后隐藏的是王悲悯天下、心怀子民的恻隐之心。第三，武侠音乐中贯穿着强烈的反战思想也体现其仁爱原则。《忍者》表现的是日本武士道，忍者是暗杀的工具。《忍者》MV 中，挂着布袋、手捻佛珠的慈悲和尚在忍者横行的街道上行走，面对忍者暗杀行为闭眼蹙眉，凝重的表情透露出浓郁的反"杀"思想。2006 年，周杰伦在为电影《霍元甲》谱写的同名主题曲《霍元甲》中直接提出"和平"理念，在 MV 开始的镜头里，随着缓慢的鼓点声，画面上出现了毛笔庄重写就的"和平"二字。从个人的反"杀"思想上升到天下"和平"的大爱思想，这是周杰伦武侠音乐对儒家思

想的吸收与升华。《无双》中更有"听我说武功／无法高过寺院的钟"，"寺院的钟"此处暗指"仁爱"，明确指出武力无法超越仁爱。

　　周杰伦武侠音乐中充满强烈的正义感。武侠音乐中塑造的人物多为侠义之士，他们的身上充满了江湖义气。侠义之士追求替天行道、仗义疏财、除暴安良、生死与共、忠诚信义、同甘共苦、荣辱与共。"路见不平拔刀相助""行侠仗义""江湖义气"总是与武术紧密地联系在一起。"正义"是侠义之士身上散发出的高贵的精神气质，表现在他们与人交往的行为当中。道义是侠义之士安身立命之根基，也是儒家倡导的价值观之一。孔子曰："杀身成仁"，孟子则曰："舍生取义"。孟子曰："鱼，我所欲也，熊掌，亦我所欲也。二者不可得兼，舍鱼而取熊掌也。生，亦我所欲也；义，亦我所欲也。二者不可得兼，舍生而取义者也"。在儒家看来，"义"比个人生死重要得多。反映在周杰伦武侠音乐中，如《双截棍》中的"为人耿直不屈／一身正气"；《双刀》描写中国人在异域受人凌辱，作者看到同族被外族欺负，"从天台向下俯瞰暴力／在原地打转"。虽然"上一代解决的答案是微笑不抵抗"，而这一代面对"正邪两方"，意识到"恐惧来自退让"，选择"那以牙还牙的手段"，勇敢地奋起反击。在《夜的第七章》中，二重唱的方式让正义与邪恶直接对立起来，终结邪恶、弘扬正义，是其武侠音乐的根本指向。

周杰伦武侠音乐中传统武术伦理道德的展现，对当今广泛的周氏音乐接受者的道德标准和价值取向产生了深远的影响。它引导浮躁功利的现代人走向踏实正义，磨砺中华民族的人格，砥砺华夏儿女的意志，无形地陶冶着大众，传达积极向上、舍己为人、忠诚守信的义利观，塑造顶天立地的民族性格，发扬以天下兴亡为己任的爱国精神。

## 武侠音乐的"复调性"：交融或悖反

周杰伦武侠音乐中存在着一个独特的文化现象，即中西方音乐交融并生，形成周式音乐的"复调性"，表现为中西方音乐的交融或悖反，二者在同一首歌曲中交替出现，产生舒缓与紧张错落有致、跌宕起伏、层次丰富的听觉美感。

《双截棍》中较多使用架子鼓，形成急促的音乐节奏感，间或融入中国古典乐器——二胡与铜锣，间奏辅以舒缓的钢琴，中西方音乐交融共生，形成特有的周式音乐的"复调性"。《双截棍》的编曲从0'00"–1'45"之间，主要使用架子鼓，形成快速、亢奋、急促的音乐感觉。从1'44"开始，周杰伦唱完"想要去河南嵩山／学少林跟武当"之时，两声铜锣敲响，曲风一转，进入一段长约 10 秒的舒缓悠扬的二胡间奏（1'44"–1'54"），继而二胡变得时而急促、时而舒缓，与架子鼓交织相融，形成二胡与架子鼓缠绵交织的音乐特点。二胡与架子鼓交替时长约为 20 秒（1'54"–2'15"），又转入单一的架子鼓，持续约 8 秒（2'15"–2'23"）。在高亢的架子鼓击打之后，曲风再次急转直下，淌入舒缓流畅的钢琴间奏（2'23"–2'32"），紧接着，毫无预兆地，架子鼓声再次袭来，长达 8 秒。二胡加入，与架子鼓再次缠绵交织，不过这次仅有二胡发出急促之声（2'40"–2'52"）。可见，在周式音乐之中，西方现代乐器架子鼓、钢琴与中国古典乐器二胡交替使用，造成或相同、或相悖的音乐审美风格，造成中西方音乐特有的"复调性"。周杰伦不时抓取中西方完全不同的乐器，将其节奏融合统一。在架子鼓与二胡的复调演绎中，二者都较为急促、激动、紧迫，令人听来血脉贲张，烘托江湖武林的打斗气氛，增加音乐的紧张气息。架子鼓与钢琴、二胡的交替呈现，一张一弛，钢琴、二胡为架子鼓的紧张提供了舒缓喘息时间，也为下一次的高潮做铺垫，钢琴、二胡为柔，架子鼓为刚，它们刚柔相济；在紧张中嵌入舒缓，舒缓又铺垫着紧张，令听众获得两种完全相反的音乐风格却和谐统一的听觉体验。音乐在复调和冲突中获得独特

的延宕感，形成周式音乐的独特审美。锣声在本曲中共出现四次，分别是 00'38"、00'49"、1'44"、3'12"，前三处地方锣声都为急促的两声，夹杂在架子鼓中，若不细听，难以分辨，而 3'12" 是乐曲的结尾处，锣重重地敲了一声，象征战斗结束，仅有余音绕梁，令人回味无穷。锣、二胡都为中国民间古典乐器，在充斥着架子鼓的歌声中不时出现，显示出周杰伦融合中西方音乐文化的独特匠心。中西方音乐的复调演奏使周杰伦的音乐紧张与舒缓并生，层次丰富、内容多样。在西方音乐不断入侵的当今乐坛，周杰伦坚持中国传统音乐的精神令人钦佩，歌曲亦更显浓郁中国风。

《霍元甲》中主要采用架子鼓，融合大鼓、镲、古筝、二胡、笛子、扬琴、琵琶等多种中国古典乐器，形成中西交融的周式音乐。其中也有中式舒缓与西式紧张相互交错造成的"复调性"。

"小城里 / 岁月流过去 / 清澈的勇气 / 洗涤过的回忆 / 我记得你 / 骄傲地活下去 / 下去"

"霍霍霍霍霍霍霍霍 / 霍家拳的套路招式灵活 / 活着生命就该完整度过 / 我我我我我我我 / 过错软弱从来不属于我 / 霍霍霍霍霍霍霍霍 / 我们精武出手无人能躲"

这两段唱词构成歌曲的主体，"小城里"一段用京剧唱腔悠扬唱出，"霍霍霍霍"一段用 Rap 快速说唱，在歌曲前半部分交替出现，曲风时快时慢，时而 Rap、时而京剧，Rap 部分呈现坚硬霸气的音乐风格，副歌部分忽而转成温柔细腻的京剧唱腔，刚柔并济，恰好符合中华武术以柔克刚的特点，形成悖反"复调"。歌曲的末尾，即高潮部分，Rap 与京剧唱腔配合默契，形成中西交融的"复调"，以京剧唱腔为主，Rap 为辅，结尾也用锣声，既暗示比武结束，也代表歌曲的结束。锣声悠扬，更显余韵悠长。

周杰伦武侠音乐用紧张的西式架子鼓的鼓声表现武术争斗的紧张感，间或穿插中式古典民乐舒缓气氛，给人以紧张与舒缓交错相生的审美感觉。

### 词文本中动静相生的审美张力

周杰伦武侠音乐的词写作接续中国传统文脉，营造虚实相生、动静相宜的中国传统意境，如《双截棍》《忍者》《无双》等。

《双截棍》的歌词在快节奏的反复中，加上舒缓的武术动作。"干什么／干什么／呼吸吐纳心自在／干什么／干什么／气沉丹田手心开""快

使用双截棍 / 哼哼哈兮 / 快使用双截棍 / 哼哼哈兮 / 习武之人切记 / 仁者无敌 / 是谁在练太极 / 风生水起", 急速的双截棍武术练习之中, 描写"呼吸吐纳心自在""气沉丹田手心开"等武术练功方法, 叙述"风生水起"、气势磅礴的太极练习。双截棍的动作柔中带刚, 以快速的打斗为主, 而太极极静, 讲究"四两拨千斤", 双截棍的激烈与太极的和缓相互交错, 在词中营造画面的刚柔相济、动静相生。

《忍者》歌词的前半部分营造静谧的气氛:"我坐着喝味增汤 / 在旁边看 / 庭院假山 / 京都的夜晚 / 有一种榻榻米的稻香 / 叫做禅", 安静的京都夜晚, 一切蓄势待发。忽而黑暗中闪过一个画面: 忍者躲"在角落吹暗箭"。暗杀行动在夜幕中悄然进行。"伊贺流忍者的想法 / 只会用武士刀比划 / 我一个人在家 / 乖乖地学插花", 屋外忍者用武士刀比拼得正激烈, 随时关涉生命危险, 而"我一个人在家 / 乖乖地学插花"。"插花"是极静的修身养性的动作, "我"在家中认真学习"插花", 哪闻世间之事? 这里, "武士刀比划"与"在家""插花"动静相悖, 意义也相悖, 构成画面动静相生的审美张力。

《无双》的歌词一开头就营造了一幅静谧的画面, "苔藓绿了木屋 / 路深处 / 翠落的孟宗竹 / 乱石堆上有雾 / 这种隐居叫做江湖", "竹"是高洁且隐居的象征符号, "乱石堆"表明此处荒凉, "有雾"

暗示武林波谲云诡的风浪将起。紧接着，"箭矢漫天飞舞"，描绘战争纷乱、民不聊生的悲惨情景，以"听我说武功／无法高过寺院的钟"转折，由动入静，"禅定的风／静如水的松"。此段从静境入动境再入禅境，主要传达的是战争带给人们的伤害。继而"我""狂胜"，"一路安营扎下寨"，"我"攻城略地，却以"苍生为重"，"破城之后""绝不恋战"。此段以描绘战争为主，即为"动"。转而以简单勾勒的几个残缺破败的静景结束："残缺的老茶壶／几里外／马蹄上的尘土／升狼烟的城池／这种世道叫做乱世"。马蹄飞扬起的尘土，城池上升起的浓浓狼烟，以看似"静"的物象预示着战乱依旧。《无双》为方文山作词，词中经历了"静→动→静→动→静（动）"的过程，形成画面亦动亦静、动静交错相生的审美美感。

周杰伦武侠音乐开创了音乐文化的新范式，在武侠音乐的音乐内容、精神文化、音乐体式、词文本意境上，都有新的文化创造。周杰伦武侠音乐充分借鉴西方流行音乐文化，又不失中国古典传统文化的底蕴，创造了虚实相生、动静相宜的审美意境，形成中西交融的独特音乐审美特征。

郑丽霞（泉州师范学院文学与传播学院讲师、文学博士）

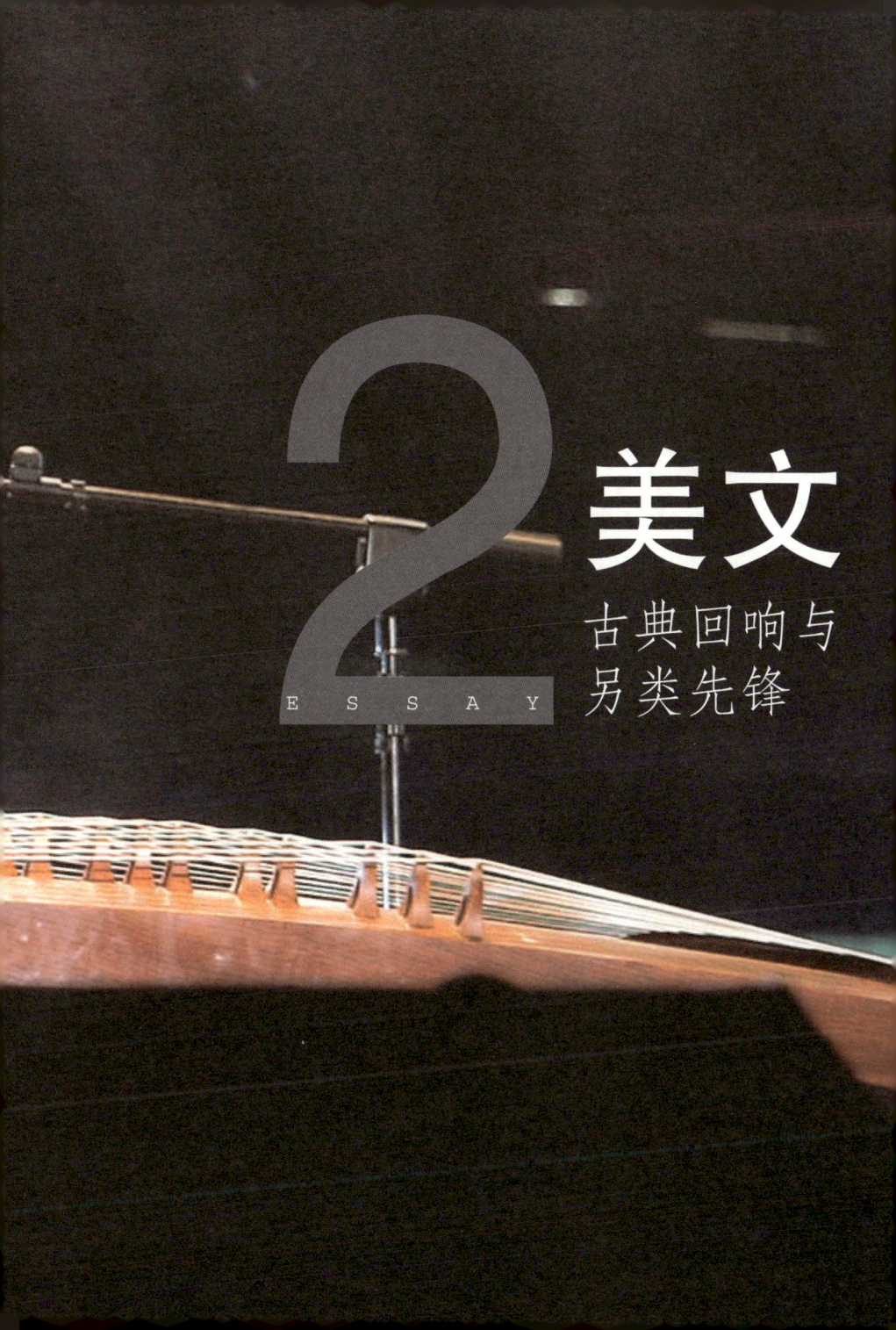

# 2

ESSAY

# 美文

## 古典回响与
## 另类先锋

# 周杰伦歌曲缘何
# 入教材

　　语文出版社出版的九年义务教育语文教材（以下简称语文版教材），在修订的过程中有很多篇目都做了更换或调整。三年级教材中有一篇文章叫《蜗牛》，刚好台湾歌手周杰伦有一首歌也叫《蜗牛》，于是经过讨论，拟将《蜗牛》的歌词以延伸阅读的方式选入。此事经媒体报道后引发强烈社会反响。周杰伦歌曲缘何进入语文教材？

　　周杰伦是台湾"70后"歌手，虽然没有考上大学，但自强不息、自学成才，是年轻人奋斗和成长的楷模。周杰伦不仅会唱歌，还会演戏，弹一手好钢琴，尤其擅长谱曲，凭借自己的勤奋努力，创作出不少好歌，获得了"亚洲天王"的称号，是世界华语乐坛的重要代表人物之一。周杰伦其人已经成为一个激励人积极向上的符号。据报道，2014年6月19日，周杰伦被公安部聘任为"中国禁毒宣传形象大使"，他向广大青少年发出"拒绝毒品，拥有健康"的倡议，并承诺今后将在日常生活和各种演出活动中，积极宣传毒品危害，倡导全民禁毒。

　　周杰伦做了许多善事，给人印象特别深，影响也特别大。他为人真诚善良，做事不事张扬。他在贫困地区捐助学校、扶贫济困。2008年汶川地震后，他的捐款数额巨大，却不让媒体宣传报道。他从艺数年来，极少绯闻，从不拿个人隐私炒作。他虽出身单亲家庭，但一直积极、健康、向上，从不失落、颓废、抱怨，对长辈十分孝敬。

周杰伦的歌曲，无论是他自己创作的，还是他人创作由他演唱的，有诗情画意，也有对贪官的讽刺，还有对青少年在孝道方面的引导，更有大量的文化信息输出。这些歌词不仅是一个个文化标本，而且还是教材的料儿，经受得住推敲和咂摸，说是范本，一点也不为过。"我要一步一步往上爬 / 等待阳光静静看着它的脸 / 小小的天有大大的梦想"，如此积极向上、健康阳光、词句优美的内容还不该进教材吗？！

周杰伦其人、其事、其歌是如此优秀，产生了巨大的社会影响。我曾这样感慨：咱不说别的，看杰迷们的素质，那么多回复我短信的，文雅、稚气又可爱；还有演出现场，无论是首体一两万人还是工体七八万人，竟无人说脏话，无国骂，甚至粗言粗语都没有。如此教化之功，神了！

再换一个角度说。2011 年教育部下发的《义务教育语文课程标准》对语文教育的课程特点明确指出："语文课程丰富的人文内涵对人们精神领域的影响是深广的，学生对语文材料的反应又往往是多元的。因此，应该重视语文的熏陶感染作用，注意教学内容的价值取向。"由此可见，周杰伦的歌曲《蜗牛》所具有的丰富的人文内涵和对人们精神领域的影响，以及由此产生出来的熏陶感染作用都是其入选教材的重要依据。这个课程标准对于教材的编写提出了十条要求，其中第二条明确指出："教材应体现时代特点和现代意识，关注现实，关注人类，关注自然，理解和尊重多样文化，有助于学生树立正确的世界观、人生观、价值观。"根据这个要求，周杰伦的歌曲《蜗牛》进入教材，贴近现实，也贴近课标；贴近学生，也贴近教师，恰到好处。无论是从周杰伦其人其事看，还是从其歌曲、歌词本身看，或是以课程标准要求来衡量，《蜗牛》都可以进入教材。

我不同意有人说挑选周杰伦歌曲进教材是教材编写者的盲目追星。退一步说，像周杰伦这样的明星有更多的人追有啥不好呢？！根据中国青少年研究中心的调查，当前排在第一位的最受中小学生欢迎的偶像就是周杰伦。我曾经在一篇文章中写道："这难道还不是最好、最生动、最形象、最有说服力的德育？"我还不同意有人说，选择周杰伦歌曲进教材是出版社炒作，无论是本人还是出版社，深知此事之玄，没有必要拿这样容易引起非议的事儿炒作。还有人说，回归语文本质比如何选课文更重要，我同样不同意。大家知道，学校语文教育是由教材、教师、教学和考试四部分组成的，离开了这四部分的具体内容何谈语文本质的回归？我认为，对于教材的改编和让周杰伦歌曲进入教材才是真正的语文本质的回归。

周杰伦歌曲进教材不仅是因为其人、其事、其歌，还完全符合义务课程教育标准，在现行教材制度、政策和多种因素制约下，语文版教材没有脱胎，也没有换骨。关于周杰伦歌曲进教材一事，依我个人看，岂止《蜗牛》，十篇八篇也不算多。但是，语文版教材毕竟不是一个人的教材，这套教材还要受许多因素制约。我们在路上，在编辑让师生喜教乐学的真语文教材之路上。

周杰伦歌曲入教材，不要大惊小怪，应该拍掌叫好，为之幸与呼！

王旭明（语文出版社社长、教育部前新闻发言人）

# 周杰伦的灰调
## 乐章

　　如果用色调来描述 Jay（周杰伦）的歌，我想最合适的莫过于调色盘中的高级灰区域：时而是《夜的第七章》里诡谲而华丽的波尔多红和塞纳灰，时而是《反方向的钟》里氤氲着哀伤和期待的月灰和雪青，时而又是《以父之名》里蒙蒙雾气拂过夜色的莱茵灰和鱼肚白。一曲曲循环，世事万物好像浓缩成一片带着柔光的灰色调，朦胧之下斑斓的别致，冲淡了周遭那些炫目而媚俗的高纯度色彩。

　　从《范特西》到《依然范特西》的那几年，时间仿佛是按 Jay 发行的专辑来记忆的，十一月份萧瑟的天空透着干净的浅蟹灰，从唱片店买碟片回家迫不及待放入 CD 机，熟悉的嗓音在老旧的挂式音响中呢喃哼唱，时间裹挟于其中前行，沿着某个尚且看不清目的地的方向。而这种时刻对于当时那个十二三岁的孩子来讲，像是染着藕粉色，既宝贵又矜持。

　　我想，出生于二十世纪八九十年代的人，但凡对流行音乐有点儿热衷，定有一段与 Jay 有关的故事。记忆中沉默寡言的大男生，带着压低帽檐的棒球帽，哼着歌，像把一段段发生在身边的故事讲给大家听。他的静默掩盖不住狂热的心，藏在阴影中的双眼闪着坚定的光，但并不耀眼得逼人。他像是在前方披荆斩棘、探路归来的骑士，守护住一些梦，却又把残酷的现实一一道来。

那时还是孩子的我们，性格里带着独生子女特有的孤独感，物质水平提高的同时，外界对我们的期望值也随之提高，流行的各种成功论调似乎指向同一个设定好的未来。那些被嗤之以鼻的胡思乱想、无人解答的对世界的好奇、被常规束缚的冒险之心，在触碰到Jay的音乐时终于解禁。他让年少的我感触最深的，是一种对生命和个体的认知、一种对自我存在的基本定位，尽管彼时懵懂的我知之甚浅，直至多年后翻开海德格尔（Heidegger）、尼采（Nietzsche）和雅斯贝尔斯（Jaspers）时，扑面而来的斑斓灰色调竟似曾相识，那些对存在的本真和生命超越性的思考，原本在熟悉的软糯的调调中已经了解。

这种最初的认知，是一件体验有关我们自身、有关我们所处境况的事情。存在主义者认为，你之所是就是你所选择的结果，而不是相反。本质并不是命运，你是你自己所造就的人。反映在Jay的音乐中就是一种态度：

"活着不是用来演一出糜烂的黑色喜剧 说不 / 我很后悔当初没有这样的肯定 / 说不 不代表懦夫……"（《懦夫》）尼采说："成为你所是的人。"大抵便是如此吧。毕竟，有太多人终生受困于庸碌的混沌中，总有声音在耳边提醒你："别去冒险，你的努力无法改变什么，放弃那些不切实际的梦想吧！"他们是决绝的目的论者或决定论者，坚信着某种看似恒定的准则和律例，在这个异化的时代则演变为各种本质主义、功利主义、金钱拜物教等等。但时代集中于外在生活上的物质力量，与我们自身的内在贫困之间的悬殊实在太大。一副副光鲜的面具之下，躲藏的正是巴雷特形容的"浑身是缝隙和窟窿、无面目、受到怀疑和否定困扰的、完全有限的生物"。

"如果我冲出黑幕笼罩的天空／就别（想）在捆绑我的自由／在狂风之中 嘶吼／作困兽之斗……"（《困兽之斗》）略嘶哑的嗓音带了哭腔，像压抑许久的热烈急切和奋不顾身在一瞬间得以释放，而远方燃烧的焰火亮起暖黄色的光，照进一路走来的黑暗。在这种斗争中，人逃离了海德格尔意义上受公众意见统治的"常人"范畴，也不再是尼采所谓庸庸碌碌、人云亦云的"末人"，生命的存在有了更多可能性。

我总以为，人类不只是物理、心理和社会身份的总和，这个"不止"就是我们的意识。这种意识是身为"个体"的觉悟，是个体追求差异、建立自身人格的过程。在 Jay 的音乐中，很容易感受到这种意识的流动，这或许也正是他的音乐能吸引众多热血涌动的年轻人的原因。这种意识是身处时代剧变中的人们骨子里的一种需

要——或表现为低调的特立独行，或表现为对未知执着的探寻，进而完成一种"自为"的存在，使人成为其所是。

"我用古老的咒语重温 / 吟唱灵魂序曲寻根 / 面对魔界的邪吻 / 不被污染的转生 / 维持纯白的象征 / 然后还原为人……"（《半兽人》）汽笛声揭开了一个传说的序幕，蔓延的战火、焚毁的城镇勾勒出战争残酷的画面，主人公目睹自己和族人的处境——由人类堕落为只知暴力血腥的半兽人，惋惜、怀念曾经的纯洁灵魂。在古老咒语的引导下，主人公最终觉悟，如同布道者一般祈祷族人的灵魂重生，还原曾属于人类的文明世界。这种第一人称的叙述方式加强了情感渲染，强劲的节奏像把个体的意志转化为不可撼动的誓言，在这个信仰消解的时代有着格外动人的力量。

"孤单开始发酵 / 不停对着我嘲笑 / 回忆逐渐延烧 / 曾经纯真的画面 / 残忍的温柔出现 / 脆弱时间到 / 我们一起来祷告……"（《以父之名》）这首歌曾被乐评人定义为 Jay 音乐的巅峰之作，马龙·白兰度在影片《教父》中的台词化身为乐曲开篇的低喃，连续的打击乐声从头至尾贯穿整曲，像是个体意识持续挣扎却摆脱不掉的命运既定，它残忍地迫使我们直面现实的嘲讽，通往心中圣殿的路上只剩下祷告和忏悔。

笛卡尔说过，人类的不幸首先来自他曾经是一名儿童。儿童处境的特点就是，他被抛向一个他并没有致力于建设的世界，天性的纯真成为感伤的来源，而存在主义关于"人类在境遇中生存"的洞见则成为不争的现实。这个"境遇"包含着真实和超越的二元性，其中的"超越性"意指我们对境遇的接收方式：我们的思想总是超越它自己，走向昨天和明天，走向世界的外部边缘，人的存在因此是一种不断的自我超越。在呢喃着"请原谅我的自负"的同时，这种超越性其实已经完成，它体现着雅斯贝尔斯的"哲学信仰"——一种不同于启示宗教、也不同于无神论的信仰，一种把"超越性"看作是自身生存最深的潜力所在的态度。

但不可否认，超越性又是造成人类脆弱、摇摆及逃避、焦虑的原因。正是超越性促使人们不断反思眼前的真实世界，促使人们不甘于浅薄平庸，在社会压力中坚持对个人身份和生存意义的追求。古希腊哲学家赫拉克利特曾言：万物皆流，无论如何都逃脱不了死亡和变化。人若是没有经历诸如死亡、焦虑、罪过、恐惧和颤抖，以及绝望之类"煞风景"的事，也就不是完整的人，事物的阻力支持着人类的行动，正如空气的阻力支撑着白鸽的飞翔。

"那鸽子不再象征和平／我终于被提醒／广场上喂食的是秃鹰／

我用漂亮的押韵 / 形容被掠夺一空的爱情 / 啊 乌云开始遮蔽 夜色不干净 / 公园里葬礼的回音在漫天飞行……"（《夜曲》）在 Jay 的歌曲中，时有经历着类似痛苦、内疚和死亡等有限性体验的人出现，这种境况被雅斯贝尔斯称为"界限境遇"。但在这首歌里，有限性体验不再是生死殊途、讳莫如深的事情。即使生命被掠夺一空，也可以用唯美的曲调和漂亮的押韵来祭奠，可以许下老去后还相爱的誓言。面对死亡，生命具有绝对的价值，死亡的意义恰在于它对这种价值的启示。

"越过人性的沼泽 / 谁真的可以不被弄脏 / 我们可以遗忘 原谅 / 但必须要知道真相 / ……西敏寺的夜空开始沸腾 / 在胸口绽放艳丽的死亡 / 我品尝这最后一口甜美的真相 / 微笑回想正义只是安静的伸张……"（《夜的第七章》）在这一刻，空间和时间明显带有个人化色彩：西敏寺的夜空是沸腾的，死亡来临的一刻是艳丽的，真相被发现时是甜美而安静的。面对无法阻止的命案和人性的堕落，福尔摩斯代表我们选择了接受和原谅。人的存在本身是在时间中展开的，死亡随时随地都可能发生，这就透露了存在的彻底有限性，意识到这一点，人们才能真正在内心深处获得心灵的安宁。这是一种被海德格尔称为"向死而生"的过程，当我们直面生命的有限性时，才能向存在的意义敞开——如同福尔摩斯将探寻凶案真相看作其存在的意义，他在《最后一案》中这样说道："如果我生命的旅程到今夜为止，我也可以问心无愧地视死如归。"或许这正是对"向死而生"最好的诠释。

"无所谓　反正难过就敷衍走一回／但愿绝望和无奈远走高飞／……我的世界将被摧毁／也许颓废也是另一种美……"（《世界末日》）无论世界末日是否真的会到来，每个人或许都经历过属于自己的末日时刻，绝望和无奈虽然唤不回同情和安慰，但也不再是伊壁鸠鲁主义那般被绝望缠绕的悲怆。西西弗斯神话勾勒了这样一个故事：西西弗斯被神惩罚，推巨石到山顶，但巨石又滚落下来，如此循环往复，像是一种永无尽头的绝望。但加缪（Camus）在解释这个神话时却说，西西弗斯在推巨石时是幸福的，因为他表明他的存在优于没有生命的石头，他将"已然如此"的命运事实转变成了"如我所愿"，于是在悲剧之下便包含了最深切的希望。

当难过和疲惫可以被释然，当颓废可以被看作是一种美，我们或许也能像尼采那样拥抱命运，把"命运之爱"看作个体最内在的本性，看作人类的伟大之处。相信尼采所说的永恒轮回，相信世界是循环的，时间虽然无法反方向回到曾经美好的时空，但未来的时间却会发生更多可能的美好：随火车走后便没有消息的人或许会回来，一起看《半岛铁盒》的人或许还在身边，等到放晴那天或许可以再遇见那个爱了很久的人，生命正是因这些诸多可能而具有更多意义。

"嘴里有刀 说破歌谣 / 千年恩怨 一笔勾销 / 生命潦草 我在弯腰 / 历史轮回 转身忘掉……"（《乱舞春秋》）不得不承认，Jay 确实是嘴里有刀、能唱破世事的人。他的歌曲中每每会刻画性格鲜明的各种人物，既有市井百态，也有家国情怀。正如他唱的，生命本就如此潦草，但弯腰和屈膝的区别就在于是否有对存在本质性的坚持。诚然，在这个个体性日渐屈服于理性的时代，坚持自我是一件冒险的事情，海德格尔早已指出：存在者存在，因为他始终是冒险者。存在者必然远离日常习惯，放弃迎合大众，冒着遭人误解、歧视的风险。回望 Jay 的音乐之路，他正是作为一个冒险者，特立独行于主流音乐的传统模式之外，虽然也曾受到过抵触和质疑，但仍然在一次次对自己能力的证明中将其独具风格的音乐延续下来。

将 Jay 比作魔术师或许是最贴切的，这并非由于他在 MV 作品中古灵精怪的"魔术先生"形象，而是因为"魔术师"这类人物代表了向往自由的人类的原始形象。在欧洲古典塔罗牌占卜中，第一张正数卡牌就是魔术师，他的头顶画有无限符号，代表着无穷的创造力和崭新的开始。这种创造力能够超越既成的现实，向开放的未来前进，也是获得自由的最好证明。Jay 和他的音乐引导我们进入这样一个自由的世界，在这里可以忠于自己的选择、主宰自己的行为，在坦然面对客观世界的同时，完善个体存在的意义。

如今，我们已告别那个与 Jay 相伴的青涩懵懂的年纪，而他也以"周董"的身份继续丰富着他的探险旅程。或许某天，我们发现人生在不经意间填满了无数类似丁香紫、春日青这样流光溢彩的色泽，会想起当年追过的 Jay 的某张专辑，想起爱过的那些旋律，想起歌里的故事教会我们的事，而它们早已在时光的过滤下慢慢渗透进骨子里，在我们面对世事变迁、命运无常时，化作最从容潇洒而坚定自持的姿态。

方媛（南京艺术学院硕士研究生）

# 纯爱年代
周式情歌

　　周杰伦的作品中除了古朴的抒情中国风、快速的中式说唱，另一类让众多杰迷为之疯狂的就是周式情歌。之所以将周董的情歌称为"周式情歌"，是因为这类歌曲和其他作品一样，有着独特的"周式"风格。在周杰伦的所有作品中，情歌占据了绝大部分比例，但周式情歌不是唯一的题材、固定的形式、单调的话题，这些歌曲有单车上的校园恋情、热恋倾心的甜蜜，也有成熟情感的复杂纠葛。再确切点说，周杰伦的情歌并不定位于单一年龄层受众，而是涉及所有恋爱中的人。

## 青涩校园

　　校园恋情简单、舒服，不掺杂很多的现实问题，只在意彼此。校园恋情可能是偷偷往对方书桌里塞零食，可能是悄悄观察对方的一举一动，还有可能是放学路上的牵手，或是单车后座上的一个羞涩的依靠。相信许多杰迷听到《星晴》《简单爱》会有一种发自内心的美滋滋的应和，觉得周围的一切都那么美好，似乎自己也回到了那个懵懂、青涩的校园时光。"手牵手 一步两步三步四步 望着天 / 看星星 一颗两颗三颗四颗 连成线……"（《星晴》），"我想就这样牵着你的手不放开／爱能不能够永远单纯没有悲哀／我想带你骑单车／我想和你看棒球／想这样没担忧／唱着歌一直走……"（《简单爱》），两个青涩的面孔，不敢直视对方，只是牵着手走在田园小路上，旁边停着单车，或坐下抬头仰望星空，一切是那么的自由自在、无忧无虑。这两首歌会令杰迷产生强烈的共鸣，是因为它们唤起了许多人对学生时代懵懂爱情的回忆，或是当时对爱情的美好向往。《晴天》虽然没有《星晴》《简单爱》那样具有蹦蹦跳跳的感觉，而略带伤感色彩，但歌曲对校园恋情掌握得恰到好处，"为你翘课的那一天／花落的那一天／教室的那一间／我怎么看不见／消失的下雨天／我好想再淋一遍……从前从前有个人爱你很久／但偏偏风渐渐把距离吹得好远／好不容易又能再多爱一天／但故事的最后你好像还是说了　拜拜"（《晴天》）。学生时代，我们每个人都拥有过可以为对方做任何事情的冲动，单纯、执着，自以为成熟的我们却依然充满孩子气，无奈因为各种不定因素干扰，最后还是有一个人离开。

### 甜蜜热恋

人们都说爱情是甜蜜的，的确，有了爱情的滋润，整个空气都仿佛充满蜜糖的味道。当我们听到《甜甜的》《园游会》《时光机》《麦芽糖》《七里香》《公主病》时，会产生要马上谈一场恋爱的冲动。"你爱过头 竟然答应我 / 要给我蜂蜜口味的生活 / 加一颗奶球 我搅拌害羞 / 将甜度调高后再牵手……我轻轻地尝一口你说的爱我 / 还在回味你给过的温柔 / 我轻轻地尝一口这香浓的诱惑 / 我喜欢的样子你都有……"(《甜甜的》)，这种甜到心里的感觉不禁会让你笑出声来，美滋滋。"我顶着大太阳 / 只想为你撑伞……汽球在我手上 / 我牵着你瞎逛 / 有话想对你讲 你眼睛却装忙 / 连蛋糕跟你嘴角果酱我都想要尝 / 园游会影片在播放 / 这个世界约好一起逛"(《园游会》)，卡通气球穿梭在人群当中，两个人在游园会东逛西逛，虽然毫无目的性，但发自内心的笑声让整个空气充满了快乐。"那童年的希望是 / 一台时光机 / 我可以一路开心到底都不换气 / 戴竹蜻蜓穿过那森林 / 打开了任意门找到你 / 一起旅行 / 那童年的希望是 / 一台时光机，你我翻滚过来的榻榻米 / 味道熟悉 / 所有回忆 在小叮当口袋里 / 一起荡秋千的默契 / 在风中持续着甜蜜……"(《时光机》)，小叮当是每个人的童年回忆，静香和大雄是我们童年的标准情侣，长大的我们希望坐着小叮当的时光机、打开任意门，回到过去寻找儿时的她（他）。"我牵着你的手经过 / 种麦芽糖的山坡 /……我满嘴都是糖果……"(《麦芽糖》)，糖是甜的，是人体必需的物质，似乎在说甜蜜的爱情也是生活当中不可缺少的，童话般的场景充满梦幻，真心想谈一场甜蜜的恋爱。"那温暖的阳光 / 像刚摘的鲜艳草莓 /……那饱满的稻穗 / 幸福了这个季节 / 而你的脸颊像田里熟透的番茄……"(《七里香》)，有美好的爱情在，普通的事物也变得美好，让人感觉幸福。"说一千遍爱你 / 这都不是问题 / 我用音乐来治你的公主病 / 要我打包自己扮成 Hello Kitty/ 那看起来就会有点问题 / 没关系我爱你　就算你爱自己 / 痘痘帮你挤　赶走坏坏脾气 / 如果突然心急　想要美好婚姻 / 我的城堡说欢迎光临……"(《公主病》)，超粉色系的歌词唱出少女的心态与心中的梦幻，也许只有阳光男孩才能迎合有公主病的女生吧。

## 悲伤心情

　　周式情歌除了青春校园、甜蜜热恋题材之外，另一类就是伤心情歌。我们永远都不会停留于校园爱情的青涩与单纯，也不会一直处在热恋的美好中，爱情终归要回到平常生活里。现实生活的纷纷扰扰，难免让感情中的两个人受伤。在周式情歌里，我们可以体会到爱情发展的不同阶段，更能够找到自己从前情感经历的影子。

"爱像一阵风　吹完它就走 / 这样的节奏　谁都无可奈何 / 没有你以后　我灵魂失控 /……爱情来的太快就像龙卷风 / 离不开暴风圈来不及逃 / 我不能再想我不能再想 / 我不我不我不能 /……我不要再想你……"(《龙卷风》)，爱情如龙卷风一样来得如此突然，来势凶猛定会给人留下深刻印象；可爱情也像龙卷风一样走得快，只剩下一片狼藉。回忆在脑海中刻得太深，只能告诉自己不要再想。

"希望他是真的 / 比我还要爱你 / 我才会逼自己离开 /……我根本不想分开 / 为什么还要我 / 用微笑来带过 /……你已经远远离开 / 我也会慢慢走开 / 为什么我连分开 / 都迁就着你 /……我会学着放弃你 / 是因为我太爱你……"(《安静》)，有的时候，爱一个人会包容她（他）的一切，哪怕自己心不甘情不愿，甚至遍体鳞伤，也会选择独自承受，成全对方。离开，并不代表爱已经停止，只是太爱你，不想让你受委屈，这就是爱之深吧。

"想回到过去 / 试着抱你在怀里 /……想回到过去 / 试着让故事继续 /……这样挽留不知还来不来得及……"(《回到过去》)，时间不会停下脚步让人们弥补过往，故事的结局不会改变，只有在深夜昏暗的灯光下，才有时光停驻的感觉，才能允许自己回到过去改变

故事的结局，你才不会离开。我们每个人应该都有这样的经历吧。

"我会发着呆 然后忘记你 / 接着紧紧闭上眼 / 想着哪一天会有人代替 / 让我不再想念你 / 我会发着呆 然后微微笑 / 接着紧紧闭上眼 / 又想了一遍你温柔的脸 / 在我忘记之前 / 心里的眼泪 / 模糊了视线 / 你已快看不见"（《轨迹》），曾经有你的地方、你的发香、离去的痕迹，所有的画面早已深刻于脑海、心底，也许有一个人代替你才会不再强烈地想念，但在忘记之前，请允许我再在脑海里想最后一遍，直至眼泪模糊视线，渐渐看不见。

"我只能永远读着对白 / 读着我给你的伤害 / 我原谅不了我 / 就请你当作我已不在 / 我睁开双眼看着空白 / 忘记你对我的期待 / 读完了依赖 / 我很快就离开……"（《搁浅》），有太多的身不由己，也有太多的无法解释，就这样的一个误会，我们就此不再见面。留下的对白，包含着我对你的伤害；剩下的空白，不奢求任何原谅与期待。我会把你默默放在心里，而你就当作我在你的世界未曾出现过。

"一件黑色毛衣 / 两个人的回忆 / ……看着那白色的蜻蜓 / 在空中忘了前进 / 还能不能 重新编织 / 脑海中起毛球的记忆 / 再说我爱你 可能雨也不会停 / 黑色毛衣 藏在哪里 / 就让回忆永远停在 那里……"（《黑色毛衣》），曾经同穿一件毛衣的两个人，如今已经各奔东西。衣服承载着在一起时的回忆，时间流逝，衣服上起的毛球仿佛成为回忆的结点，衣服可以重做，感情已经不能重来，只有回忆永远停留在那瞬间。

"缓缓掉落的枫叶像思念 / 为何挽回要赶在冬天来之前 / 爱你穿越时间 / 两行来自秋末的眼泪 / 让爱渗透了地面 / 我要的只是你在我身边……"（《枫》）"自古逢秋悲寂寥"，秋天往往给人带来落寞、悲伤之感，落叶满天，回忆也如片片叶子在脑海中飘落，伴随着深秋意味，将思念与回忆化成动人的抒情诗篇。

"转身离开 分手说不出来 / 海鸟跟鱼相爱 / 只是一场意外 / 我们的爱（给的爱）/……竟累积成伤害……"（《珊瑚海》）不适合的两个人，就像两条平行线，距离永远存在，如果为这个错误所造成的伤害找一个合理的解释，那就是——意外。

"我知道你我都没有错 / 只是忘了怎么退后 / 信誓旦旦给的承诺 / 全被时间扑了空 / 我知道我们都没有错 / 只是放手比较好过 / 最美的爱情回忆里待续……"（《退后》）再美好的事情也会有遗憾，爱情也不例外。每一个爱过的人在爱情中收获的不一定是果实，错不在你我，种种的阴差阳错后，最好的结局也许是放手，承诺经不起时间的考验，之前期许的美好只能在脑海中延续。

　　"这街上太拥挤 / 太多人有秘密 /……电影院的座椅 / 隔遥远的距离 /……这感觉 已经不对 / 我努力在挽回 /……一页页不忍翻阅的情节你好累 / 你默背为我掉过几次泪多憔悴 / 而我心碎你受罪你的美我不配"(《我不配》)明星光环背后的委屈在于不能享受普通人的生活,一举一动都是媒体的焦点。谈恋爱不能像普通情侣那样逛街、吃饭、看电影,即使对方心甘情愿地为你付出、忽略自己,两个人的距离依然会越来越远,委曲求全的一方还是选择会离开。越是迁就,越是愧疚。

　　"怎么了 你累了 / 说好的 幸福呢 / 我懂了 不说了 / 爱淡了 梦远了 / 开心与不开心一一细数着 / 你再不舍 / 那些爱过的感觉都太深刻 / 我都还记得 / 你不等了 / 说好的 幸福呢 / 我错了 泪干了 / 放手了 后悔了 / 只是回忆的音乐盒还旋转着 / 要怎么停呢……"(《说好的幸福呢》)幸福是什么?恋爱时说好的幸福又去了哪里?如今只剩下分手的伤痛,幸福已经消失不见。曾经爱过的感觉依旧深刻,句句疑问写下爱情的不舍与后悔,得不到对方的回应,只有脑海里的回忆如音乐盒一样不停地旋转。

　　"明明就不习惯牵手 / 为何却主动把手勾 / 你的心事太多 我不会戳破 / 明明就他比较温柔 / 也许他能给你更多 / 不用抉择 我会自

动变朋友……"(《明明就》)你的快乐里已经没有我,明明就不适合,那个人比我温柔,也许能够给你更多,你不用艰难地选择,我会主动离开,但我依然会为你坚守回忆。这种对爱情的固执与倔强会戳到许多人的内心吧。

"在有眼泪的雨里 哪里都是你 / 擦干是否就看不见你 / ……在有眼泪的雨里 哪里都是你 / 抱紧你是我逃离的距离 / 太拥挤 我在你的世界里 / 看不清楚的是你 还是自己 / 我们都在等 雨停……"(《哪里都是你》)记忆太深刻,到处都是你的影子。漫天的大雨、美丽的笑容,一直浮现在我的脑海当中,眼睛周围的湿润不知是雨水还是想念的泪水,也许只有大雨停下来,才能真正看清。

周式情歌在周杰伦的所有歌曲中占了绝大多数,听他的情歌,我们可以重新感受校园恋情的懵懂与青涩,重温初恋的甜蜜与热恋的美好,感悟情伤带来的种种触动。周式情歌最大的特点——追求纯爱,不掺杂任何现实生活的世俗,只有纯粹的感情。周式情歌描述了许多人的情感历程。

史宏宇(中国传媒大学音乐与录音艺术学院硕士研究生)

# 追梦岁月

周式歌曲三连拍

## 第一拍，古典唯美的中国风歌曲

　　绝大多数人在第一次听到周杰伦的中国风歌曲时，往往会有眼前一亮的感觉，认为这不是简单的中国风流行音乐，更像是一件艺术品。诗赋般的歌词、韵味十足的旋律，听觉上回味无穷的同时，又带给人高度真实、清晰的画面感。站在艺术审美的角度来看，周杰伦的中国风歌曲中的艺术语言、艺术形象和艺术意蕴一起营造了艺术意境，能够让杰迷十分自然地产生艺术通感。

　　艺术的审美层次一般分为艺术语言（艺术作品的形式层）、艺术形象（艺术作品的内容层）、艺术意蕴（艺术作品的内在层）三个层次。周杰伦的中国风歌曲就其艺术语言层面可理解为音乐和歌词，就其艺术形象层面可看成构造的故事情节，就其艺术意蕴层面则是细细品味的情感、深广隽永的内涵。三国时期的经学家王弼曾说："言生于象，故可寻言以观象；象生于意，故可寻象以观意。"也就是说，艺术欣赏是通过"言"认识"象"，再通过"象"认识"意"。我们欣赏周杰伦的中国风歌曲，从音乐与歌词的层面能够读懂讲述的故事，通过故事可以体会深刻的情感与深厚的内涵。《东风破》的凄婉、《发如雪》的唯美、《千里之外》的刻骨铭心、《菊花台》的悲怆、《青花瓷》的细腻淡雅《兰亭序》的知音难觅,《烟花易冷》的沧海桑田、《红尘客栈》的侠客柔情,这些作品在音乐创作上将民乐巧妙地融入现代编曲,根据不同情感采用相应的乐器加以突出,配上方文山诗赋般的歌词,给我们娓娓讲述了一个又一个动人的故事。

当然,音乐不只是简单地讲故事,其中还夹杂着情感、蕴藏着内涵。正如前文所说,我们通过歌词和乐曲了解故事,通过故事品味意蕴,体味整首歌暗藏着的艺术审美的最深层次。《千里之外》不只是讲述简单的离别,这其中掺杂着无奈,它可能是大环境所致,也有可能是个人抉择,这些都需要听者去填补、体会;《菊花台》不只是讲述乱世枭雄,其中还包含着背水一战的尊严、明日黄花的凄凉;《红尘客栈》讲述的不单单是武侠爱情,其中"人在江湖、身不由己"的无奈需要仔细体会。正如黑格尔所说:"意蕴是比直接呈现的形象更为深远的一种东西。"周杰伦的中国风歌曲不只是借古典元素表达简单情感,听他的每首作品都会让你沉浸在一种意境之中,促使你去探索歌曲背后隐藏的更为深刻的东西。

周杰伦的中国风歌曲除了韵味无穷之外,还特别具有画面感。舒曼曾经说:"在一个美术家心目中,诗歌却成了图画,而音乐家则善于把图画用声音体现出来。"这便是"艺术通感",它是不同种类艺术之间的相通现象，是艺术创作、鉴赏活动中各种感觉之间的相互渗透或挪移，能够大大丰富、扩展审美感受。"谁在用琵琶弹奏 / 一曲东风破"，眼前会即刻出现秋风萧瑟的画面；"你发如雪 / 凄美了离别 / 我等待苍老了谁"，脑海会浮现出长发飘逸的女子站在风雪中的背影；"我送你离开千里之外 / 你无声黑白 / 沉默年代 / 或许不该 / 太遥远的相爱 / 我送你离开天涯之外 / 你是否还在 / 琴声何来 / 生死难猜 / 用一生去等待"，一段无奈离别的凄美爱情故事清晰地呈现在脑中；"天青色等烟雨 / 而我在等你 / 月色被打捞起 / 晕开了结局"，一幅有情人于江南小镇朦胧细雨中邂逅的画面顿时浮现。欣赏的过程，并不只是单一地对听觉产生刺激，还可以触动听众的联想，仿佛看到生动可视的形象。因此，音乐不只是拿来听的，更是可以看的。艺术通感打通了人的感官知觉，颜色似乎有了温度，声音似乎有了形象，冷暖似乎有了重量，气味似乎有了锋芒。这种融通性不仅丰富、深化了审美感受，还扩大了审美视野。感受相通的结果便是我"听见"了你的画，你"看见"了我的歌。周杰伦用他的音乐描绘了一幅幅真实感极强的画面。

## 第二拍，与传统元素融合的 Rap

　　相信绝大多数杰迷对周杰伦的《双截棍》有着特殊的喜爱情结，这首歌之所以能够吸引歌迷眼球，在流行音乐界引起广泛关注，并传唱至今，是因为它完全打破了以前一般性的音乐观念。歌词可以不必规整、不必句句押韵；歌唱得不一定要句句清晰、字字清楚。音乐竟然可以这样不受限制！第一次听到这首歌的人大多会感叹："这么炫酷！"虽然在不看歌词的情况下，听不清周杰伦的唱词，但这种另类的 Rap 所带来的模糊感、节奏感却能让人发自内心地跟着音乐一起律动。那一句"快使用双截棍 / 哼哼哈兮"一时间响彻大江南北，同时也成为当时沉浸在周氏说唱魅力中的歌迷的口头禅，大街小巷也掀起了耍舞双截棍的潮流。

　　《双截棍》之所以在流行乐坛引起关注，并不因为它只是说唱，伴随着机械的节奏快速念歌词，还因为其中包含了中国传统文化思想。"双截棍"作为一种短兵器，是中国古代流传下来的一件奇门武器。《双截棍》这首作品的歌词内容除了具备 Rap 的基本特点外，还囊括了大量的中国传统文化元素，如歌词中出现了"铁砂掌""金钟罩""铁布衫""双截棍""少林""武当""太极""仁者无敌"

等具有代表性的词语，它们贯穿在歌词当中，其中，"仁者无敌""一身正气"饱含了儒家思想。也许有些人是通过听这首歌而知晓中国武学中的一些专有名词；也许有些人是因为这首歌而开始对武学感兴趣，并注意到儒家思想，开始去主动了解中国传统文化。《双截棍》《龙拳》《霍元甲》都是对中国功夫的一种推崇和赞扬。

《爷爷泡的茶》用中国的茶描写爷爷生活的朴实，借茶圣陆羽不求名利隐喻人经过岁月沉淀后就像杯中舒展开来的茶叶一样，应学会看开、释怀，去追求生命中真正有意义的东西。《乱舞春秋》以东汉末年三国鼎立作为创作背景，讲述了烽烟四起的一场战事。《将军》则讲述了中国象棋的下棋之道，"将军"一词在此有两种含义，其一是象棋中的棋子，其二是下棋时攻击对方首领的招数。《双刀》是对国人自古以来持有的传统思想——"和为贵"的一种反思。《本草纲目》歌词中有各种中草药名称。在周杰伦看来，除了中国功夫，中国千年流传下来的中草药文化也是最能代表中华民族精神的，以此来讽刺崇洋媚外。《皮影戏》则用陕西皮影作为题材，歌词融入了中国古典元素。在这些作品中，我们能够看到流行音乐对中国传统文化的全新诠释，它的内容不一定非要唱火星文，表现传统文化并不一定很阳春白雪，也可以融进流行时尚。

周杰伦的中国风歌曲既有旋律委婉、动听的情感倾诉，也有伴随着强烈节奏的说唱表达。他的 Rap 充满了浓郁的中国传统味道，在乐器编配上，中国民族乐器与 Rap 伴奏相结合，二胡、锣鼓、快板、钹等与打碟融为一体。当然，中国风歌曲的成功不只是周杰伦一个人的功劳，那一首首具有浓烈的中华民族传统文化情结的歌词几乎全部出自方文山之手。

周杰伦的 Rap 不是简单地耍嘴皮子，而是具有典型的中国传统文化特征，有着丰富的内涵，是另类中国风的一种体现。

### 第三拍，为梦想加油的励志歌

如果你问："为什么周杰伦有那么多的粉丝？为什么粉丝年龄跨度如此之大？为什么周杰伦总是那么有号召力？"答案就是："他的音乐充满动力、满满的正能量；他为人正直、懂得回馈。在他的演唱会上，你会听到整场的万人大合唱，周围的气氛热烈、和谐而美好。他让人相信，努力就会接近目标、实现梦想！"

周杰伦正式发片前，每次为其他歌手写歌都极其认真，对自己写的作品一向要求严格，写歌的时候可以连续吃泡面，可以长期蜗居于办公室沙发。不断被其他歌手退歌的遭遇并没有浇灭他的音乐梦，他依旧坚持、执着。《蜗牛》这首歌是周杰伦为世界展望会创作的主题曲，在他自己的演唱会现场表演后，这首歌就成了周杰伦的标志性歌曲之一。"我要一步一步往上爬 / 等待阳光静静看着它的脸 / 小小的天有大大的梦想 / 重重的壳裹着轻轻的仰望 / 我要一步一步往上爬 / 在最高点乘着叶片往前飞 / 小小的天留过的泪和汗 / 总有一天我有属于我的天……"（《蜗牛》），平凡朴实的歌词，旋律并不铿锵有力，但整首歌充满动力，触动听者内心，让人情不自禁地流下动容的眼泪。其实，我们每个人都是一只背着重重的壳的蜗牛，这壳的重量来自我们的梦想、我们的奋斗目标、亲友的期许、生活中的困难等等。我们每天都在前行，在前进的道路上无论遇到什么困难，只要不选择放弃——就像蜗牛一样，速度虽然不快，只要一步步坚持向上爬——总会到达理想的顶点。

俗话说"百善孝为先"，因为没有长辈，就不会有今天的我们。作为单亲家庭的孩子，周杰伦在妈妈的呵护与严格管教下成长，他十分尊重妈妈，凡事很在意妈妈的意见，把妈妈当作生命中最重要的人。即使成为天王巨星之后，周杰伦遇事还是会征求妈妈的意见。一首《听妈妈的话》唱出了周杰伦对母亲养育之恩的感谢，同时也借歌曲告诉小朋友和年轻人，"孝顺"不一定只是为妈妈提供丰厚的物质享受，做听话的孩子也是最真实的孝顺。周杰伦以自己小时候的经历为蓝本，歌词简单，却包含朴素道理。我们小时候可能都有过别人在玩耍，自己却在家长的督促和看管下学习的经历。当时的我们心中一定有很多个不情愿，心里最大的疑问就是"为什么别人可以肆无忌惮地玩耍，而我却不能"。就像歌里唱的："为什么要听妈妈的话／长大后你就会开始懂了这段话／长大后我开始明白／为什么我跑得比别人快／飞得比别人高"(《听妈妈的话》)，虽然失去了游戏的时间，但长大后，脚下的路就有可能比别人宽阔、顺畅。当我们在某一个领域立足时，妈妈已经有了白发，双手也变得粗糙。但在妈妈看来，这是幸福的，她的付出得到了回报。"妈妈的辛苦／不让你看见""美丽的白发／幸福中发芽"，这一句句简单、朴实的歌词是妈妈为我们付出的真实写照。"有空多握握她的手／把手牵起一起梦游""听妈妈的话／别让她受伤"，是我们回报妈妈的最好方式。

如果有一天世界末日真的来临，你会做什么呢？埋怨自己生不逢时？想尽各种逃离的办法？在最后的时间里给家人弥补之前缺失的关怀？忏悔自己之前明知故犯的错误？当这一天真的来临，所有的这一切都无济于事，所以我们应该珍惜当下，满怀希望地过好每一天。周杰伦从"2012世界末日"传言中得到创作灵感，写了这首

《世界未末日》，告诉大家，与其惊恐未知，不如珍惜现在，活在当下。"就算故事到了尽头／我们也绝不退缩／……就算是世界要崩溃／亲爱的我也绝不会落泪／……就算是世界要倾斜／亲爱的我也绝不说离别／尽管末日威胁再强烈／有爱就不累"，言简意赅的词句告诉我们，要对生活充满希望，要珍惜拥有，充实地过好每一天。

人的一生最不能缺少的应该是梦想吧！我们从小到大有过许多梦想，小时候的梦想、读书时候的梦想、工作时候的梦想、结婚时候的梦想……这些梦想可能有的伟大、有的渺小，但每个人都在为自己的梦想挥洒汗水。周杰伦以一首《梦想启动》鼓励大家勇敢追求梦想。"Come on go go go 让梦重新启动／不同的汗水流着那不同的梦／……你说你的奔跑总是想要超越自己／我说我的音乐努力想要跨越时代／把所有的失败挫折全部抛在脑后／……微笑吧　就算不断失败／站起来　再重来　把脆弱推开／信心在脑海　别让灵魂空白／在现在　在未来　我为你喝彩"，既然有梦想，就不要害怕失败；即使失败过，也不要退缩，变脆弱，要微笑着继续向前。不管是现在还是未来，都要为有梦想且敢于拼搏的自己鼓掌、加油！这首温暖的励志歌曲带给我们满满的正能量！

史宏宇（中国传媒大学音乐与录音艺术学院硕士研究生）

# 3

# 音符

## 融汇时尚的
## 中国风

# 韵味雅致中国风

　　所谓"中国风"歌曲就是三古三新（古辞赋、古文化、古旋律、新唱法、新编曲、新概念）相结合的中国独特乐种。其歌词具有中国传统辞赋特色，用新派唱法和编曲技巧烘托歌曲氛围，歌曲以怀旧的中国背景与节奏的结合，产生含蓄、忧郁、幽雅、轻快等歌曲风格。中国风歌曲分"纯粹中国风"和"近中国风"两种。纯粹中国风指满足以上六大条件的歌曲，近中国风指某些条件不能满足而又很接近于纯粹中国风的歌曲。如果说周杰伦的节奏蓝调（R&B)、爵士、说唱、民谣、摇滚等音乐风格开创了华语流行音乐的新时代，那么中国风流行歌曲则是他成为一个时代开创者的重要标志。从最初的《娘子》《爷爷泡的茶》，到随后的《东风破》《七里香》《发如雪》，再到《千里之外》《菊花台》《青花瓷》《兰亭序》《烟花易冷》《红尘客栈》，这些充满诗情画意的歌曲让大众再次对中国传统民族调式有了全新的认识，成为真正意义上中国风流行歌曲的代表。

周杰伦的中国风歌曲中蕴含的中国传统文化内涵深厚：典型的五声民族调式却不乏流行音乐元素，传统的民族器乐巧妙地融入现代编曲当中，用现代音乐唱出古典味道。可以说，周杰伦开创了当代中国流行音乐中国风的先河。

周杰伦真正意义上的中国风歌曲，可以说是从他的第四张专辑《叶惠美》中的《东风破》开始的，这首歌堪称现代流行音乐纯粹中国风与古典中国风的分水岭。此后的《发如雪》《千里之外》《菊花台》《青花瓷》《兰亭序》《烟花易冷》《红尘客栈》等中国风歌曲均延续了以中国古典文化为创作背景，以中国民族五声调式谱写旋律，乐曲编配中巧妙运用中国民族乐器，将传统与现代融为一体的特征。

## 纯粹中国风开山之作

### 《东风破》

《东风破》之所以被看作是现代流行音乐纯粹中国风的开山之

作，是因为这首歌曲从歌词内容、调式运用、旋律节奏、编曲技巧到唱法上均极具中国传统文化的典雅风范，营造出古朴、雅致、凄美的氛围，既有中国传统韵味，又不乏流行音乐的现代感，完全符合纯粹中国风的标准。首先，《东风破》在歌曲名称上就具有典型的中国传统文化气息。"破"原是宋词的一种词调，《宋史·乐志》记载宋太宗亲制"曲破"二十九曲，为宋时江浙一带盛行的一类琵琶曲。"东风"二字很容易让人产生古时的年代感，联想到《楚辞·九歌·山鬼》中的"东风飘兮神灵雨，留灵修兮憺忘归"，李煜《虞美人》中的"小楼昨夜又东风"，杜牧诗作《赤壁》中的"东风不与周郎便，铜雀春深锁二乔"。因此，"东风破"这一歌曲名称颇有中国古典诗词特征。

一首歌打动人心的是其词曲交融、近乎完美的结合。《东风破》的歌词充满宋词的韵味，歌曲旋律采用民族调式并加入琵琶、二胡演奏，更具传统风味。歌曲开始，连续四次引入钢琴同头异尾的高低音回旋旋律做前奏，不加任何花式技巧的弹奏手法在高低音之间徘徊，连贯流畅，宛如游走于行云流水间。歌曲主体部分的旋律线条与前奏相比较为舒缓，相对缓慢的节奏却不失韵律感，充满宋词韵味的歌词在旋律的衬托下似乎是在吟诵而不是演唱。音乐编配所

東風破

一盞離愁孤燈佇立在窗口
我在門後假裝你還沒走
舊地如重遊月圓更寂寞
夜半清醒的燭火不忍苛責我
一壺漂泊浪跡天涯難入喉
你走之後酒暖回憶思念瘦

乙未秋 書於京華 文賢

用乐器除了流行音乐常用的键盘、鼓、贝斯等,还加入了二胡、琵琶、扬琴这三种典型的民族乐器。"鼓"一直以比较强的力度存在于歌曲主体部分,一方面增加节奏感和律动性,配合颇具诗词感的歌词的韵律,另一方面突出流行音乐的现代感。《东风破》的旋律自始至终还存在一条暗旋律线条——扬琴的伴奏,扬琴以较弱的力度、重复的节奏型贯穿整首歌曲,音色圆润、旋律连贯,宛如一串色泽饱满的珍珠。歌曲第一次进入副歌之前,扬琴成为主要伴奏乐器,力度加强、速度加快,连续的十六分音符回旋推动旋律发展。如果说扬琴是衬托、点缀的绿叶,那么二胡与琵琶则是整首歌曲的绝对亮点。二胡分别出现在歌曲第一段结尾和整首歌的结尾,《东风破》的旋律本身就有一种凄美感,二胡音色又略带苍凉、凄清,将二胡在这两处作为独奏乐器,旋律节奏变缓,似乎在延续歌词所述衷肠,有"凄凄惨惨戚戚"之感。琵琶出现在歌曲第二段副歌,每句歌词结束之后运用连续的轮指演奏旋律,仿佛一位"犹抱琵琶半遮面"的女子与心仪的人在互诉衷肠。

《东风破》通过堪比古辞赋的歌词、浓郁的传统文化背景、典型民族风格的旋律,融入现代流行音乐的新唱法、民族与流行结合的新编曲,创建了流行音乐纯粹中国风的新概念。

# 弱水三千，只取一瓢饮

## 《发如雪》

继《东风破》开创流行音乐纯粹中国风之后，第六张专辑《十一月的萧邦》中的《发如雪》再次成为周杰伦与方文山合作的经典。这首歌延续了《东风破》中式古典的幽怨委婉，融合三种唱腔，挑战高音。歌名很容易让人联想到李白《将进酒》中的"君不见黄河之水天上来，奔流到海不复回。君不见高堂明镜悲白发，朝如青丝暮成雪"。

《发如雪》的引入部分采用了下雨的声音，营造出忧郁情境。整首歌的旋律多采用连音、切分音及附点音符，旋律走向十分贴切歌词发音与节奏韵律。在音乐编配上，除了现代流行音乐常用的乐器，还加入了古筝。古筝音域宽广、音色明亮却不失柔和感，音与音之间按照五声音阶排列，民族色彩极其浓郁。古筝在《发如雪》中的运用十分契合歌词描写的人物形象：身穿青白色衣衫、长发飘逸、略施粉黛的女子在抚琴，轻勾、慢挑、揉拨、细摇，筝筝鸣音宛如女子轻声吟唱。歌曲进入第一次副歌时，古筝首次出现，演奏手法上主要运用了挑、勾，音色颗粒性较强，没有采用主旋律因素，只是以轻弹作为衬托，突出歌词"你发如雪 / 凄美了离别 / 我等待苍老了谁"所表达的形象感与古典意味。歌曲的一大亮点在于说唱部分，充满意象的歌词配合流行、民乐相融合的旋律，创意十足。古筝作为说唱主要伴奏乐器演奏由主旋律发展而来的音乐元素，手法上除了挑、勾，还增加了摇指。流畅的古筝与节奏感突出的鼓相结合，"鼓"突出 Rap 的律动性，古筝塑造男子心仪的长发女子的温婉，刚柔并济。古筝在唱的部分的运用虽只是轻点慢挑，却能荡起层层微波，萦绕心头。歌

曲结尾哼唱"啦儿啦"，虽为录音时的即兴创作，却颇具戏曲意味。

《发如雪》通过用古筝伴奏传达的古典韵味、富有诗性的歌词、堪称上乘之作的旋律、周杰伦丰富的唱腔，描绘出一帧帧古典与历史融合、怀旧与真挚相融的唯美画面。

## 悲歌演绎凄美爱情
### 《千里之外》

《千里之外》是周杰伦为第七张专辑《依然范特西》创作的一首中国风歌曲，作为首波主打歌一经播出，即给众人带来了意想不到的惊喜。爱情是音乐诠释的永恒主题，《千里之外》延续了上一张专辑《十一月的萧邦》中《发如雪》的悲情凄美，周杰伦与费玉清的男声对唱歌颂了怀旧年代的爱情悲歌。两颗心，心心相映，无奈远隔千里，经过时间的洗礼，曾经的"去吧，我等你"依然坚守，我依然是我，只是如今已经物是人非、今非昔比。中国古典义化当中的"伤离别"几乎都是"送君千里外"，而周杰伦的《千里之外》却是男子不忍阻挡女子的人生道路，无奈送走心上人，仍有"多情自古伤离别，更哪堪，冷落清秋节"的离别悲伤。歌曲开始处的钟声悠扬、空灵，很容易让人联想到老上海弄堂里传来的钟声，怀旧气息浓郁，故事就此拉开序幕。二胡悠扬的旋律略带凄美之感，为故事的开篇埋下伏笔。二胡作为一条单独的旋律线与钢琴、弹拨乐器组成的另一条旋律线相比，在音乐元素上十分独立，但二者同时演奏并不显得生硬，反而十分和谐。周杰伦开始演唱时，二胡旋律停止，此时主要用钢琴弹奏主旋律。前四句的歌词十分工整，每句均有十五个字，因此歌曲中四句歌词对应的旋律采用了同头异尾的创作手法。四句旋律节奏分配均等，旋律走向平稳，配上工整的歌词仿佛不是在吟唱，而是在倾诉。费玉清演唱时由力度较弱的古筝旋律做铺垫引入，随后加入二胡作为暗旋律线，民乐的融入呼应小哥的美声唱法。中间的 Rap 旋律以二胡为主旋律伴奏，以此呼应具有诗赋性的说词；而鼓作为映衬一直持续规整的节奏，符合说唱的律动感。演唱第二遍歌词时，音乐编配运用了依照唱法在配器上做微妙变化的做法。费玉清演唱时，以二胡、古筝为主要伴奏，用轻敲节奏镲片代替鼓，减少强劲的节奏感。转为周杰伦演唱时，以钢琴、鼓作为主要伴奏，轻弹的古筝则作为衬托。歌曲的结尾处，二胡成为主奏乐器，悠扬的琴声中带着些许凄美与悲凉，这其中蕴含着女子盼望着与男子相见，但男子却不能与女子重逢的无奈。

　　周杰伦选择与费玉清共同演唱《千里之外》，其目的是想营造出流行唱法与美声唱法在演绎中国风歌曲上的反差，一个诠释过往美好的曾经，一个感叹物是人非的现在。歌曲中费玉清的演唱就像是一位讲述这段刻骨铭心、以悲情收场的爱情故事的说书人在向人们感叹自己对故事中已逝去的爱的感触。独特的 R&B 节奏、抒情的费式唱腔、标志性的周式唱法、诗意的方式歌词，共同讲述着属于那个年代的凄美爱情。

# 落花无语，人淡如菊

## 《菊花台》

《菊花台》作为张艺谋导演，周杰伦与周润发、巩俐联合主演的电影《满城尽带黄金甲》的片尾曲，收录在周杰伦第七张专辑《依然范特西》当中。此曲是周杰伦为电影量身定做的作品，作曲、MV编剧和导演全由他一人担纲。《菊花台》与《千里之外》作为同一张专辑中的两首中国风歌曲，二者风格迥异。《千里之外》讲述了怀旧年代爱情的凄美，《菊花台》则诉说了乱世枭雄的悲怆故事。整首歌可以看作电影《满城尽带黄金甲》的延续，电影中令观众感动的戏份几乎都发生在菊花台。因此，歌曲的故事性、画面感和情绪表达很能触动人心。

歌曲开始由大提琴和西洋管弦乐引入。大提琴声音低沉、音色暗淡，略带凄美哀婉之感，像是一位讲故事的人在为即将开始的情节做铺垫；管弦乐带有柔和又华丽的感觉，暗合故事发生的宫廷背景；富有节奏感的打击乐，暗示着故事的开始。周杰伦演唱时只有吉他伴奏，简单的旋律配合诗一样的歌词，娓娓诉说主人公光鲜亮丽背后的沧桑。时而出现的筝音增加了音乐的宫廷韵味。进入歌曲

高潮之前，古筝与管弦乐相继出现，推动音乐向前发展。高潮部分以管弦乐为主，但仍以柔和、温婉的力度进行，与歌曲本身表达的哀伤、惆怅相融合。间奏部分以古筝与管弦乐为主，古筝右手采用勾、挑、摇指技法配合左手的滑音，行云流水间充满了古典意味。古筝弹奏完一遍旋律，管弦乐立即重复演奏，在旋律的二分之一处，古筝与管弦乐合奏，预示着故事进一步的发展。第二段音乐在乐器编配上与第一段基本类似，在唱腔上，两段的某些地方稍稍运用了戏曲元素，增加中国古典文化气息。第二段结束后，副歌采用了反复演唱的形式，第一遍结束后，突出管弦乐合奏，力度增强，将整首歌曲推向高潮。歌曲的最后一句并未以强大的气场收尾，而是以诉说口吻回归平静，暗示着波涛汹涌后的宫廷转为暂时的宁静平和。结尾处的配乐运用了极具中国特色的葫芦丝，音色哀婉、忧伤，暗示了故事的结局。

《菊花台》在乐器使用上采用了大提琴、吉他、古筝、葫芦丝和管弦乐，中西结合的搭配并未让音乐有东西方不相融的生硬感。周杰伦将西方古典的管弦乐运用得恰到好处，赋予其强烈的中国味道；以吉他伴奏诗词般的歌词，丝毫没有粗糙简单之感，仿佛就应是如此；古筝的运用既增添古典意味，又映衬宫廷仪式感；葫芦丝做结尾，悠扬中夹带着些萧瑟、伤感，犹如深山幽谷中的猿啼。这些巧妙的乐器编配十分和谐，是编曲的成功之处，充分展现出周杰伦过人的音乐才华。婉转动人的歌词配上周式独门中国古典曲风，堪称经典。





## 烟雨江南，一抹天青

## 《青花瓷》

“多情自古伤离别”，离别之伤是经常被歌曲演绎的主题。在周杰伦的中国风作品中，离别主题也毫无悬念地出现了。《青花瓷》将儿女情长的离别描绘得委婉细腻，绵密的情思犹如醇厚的美酒，令人回味无穷。一件旷世青花瓷珍品不仅本身十分珍贵，它还映衬出烟雨江南小镇女子的素雅，寄托了女子淳朴、单纯却十分珍贵的情意。烟雨朦胧、石板小路，撑着油纸伞的女子未施粉黛，犹如出水的芙蓉，这场景在天青色的背景下像一幅浑然天成的水墨画。

《青花瓷》的旋律温柔委婉、清新淡雅，极具烟雨江南的画面感；方文山以绝妙的笔触勾勒出一幅写意画卷，没有浓墨重彩，极简易、朴素却充满隽秀之美，犹如一杯清茶，看似清淡无味，饮入口中却回味无穷。歌曲一开始由鼓引入，充满空间感，仿佛是雨中江南敲开宅院之门的回声，亦像是水滴滴入水塘之声。随后加入的古筝增添了音乐的古香古色之感，令人仿佛置身于烟雨楼阁间，欲听一曲江南小调。笛子的悠扬推动音乐的发展，似乎向人们预示故事即将开始。副歌之前的演唱并没有采用行云流水的旋律线条，而是以力度较轻的鼓做伴奏，每句结束时敲击一次木鱼，节奏韵律张弛有度，与其说是唱，不如说是在讲述，叙述自己与江南女子之间的故事。歌词与旋律的对位精准，词的平仄顺应曲的走向，周杰伦的唱腔古朴中带着沧桑，将听者自然而然地带入烟雨江南。进入副歌部分，

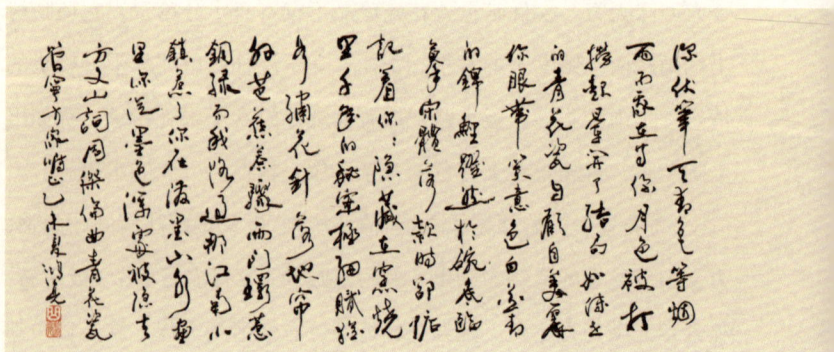

若隐若现的弹拨乐很好地映衬了歌词"天青色等烟雨／而我在等你"所描绘的画面——即将降雨的天空，没有乌云密布，而是呈现出柔和、朦胧的青色。这一切都在等淅淅沥沥的细雨，而我在这江南小镇的石板路上等你出现。间奏部分采用民乐伴奏，重点突出悠扬的笛声，弹拨乐连贯流畅，犹如串联故事的一条线。第二遍副歌结束时，竖琴的连续划奏犹如连绵起伏的波浪，推波助澜，将音乐发展带入高潮，副歌再次出现。此时的旋律伴奏加入了管弦乐，气势增强，强调江南小镇邂逅产生的真挚情感。高潮过后，音乐即刻变得安静，只有古筝的轻挑慢抹和鼓的柔和敲击，连续三次重复收尾，随后加入连续敲击的木鱼，采用了戏曲谢幕的形式，预示故事即将结束。

歌曲以清新、淡雅、朴素的"青花瓷"暗喻主人公路过江南小镇邂逅的女子，同时也隐喻了彼此之间情感的真挚、纯洁。《青花瓷》的曲调婉转、细腻，犹如流淌在溪谷山石间的涓涓细流，清澈透明、绵延回环，有不尽之意。在唱腔上，周杰伦吐字清晰，增添了几分柔情和古朴感，同时略带一些戏曲唱腔，搭配复古音乐，堪称又一佳作。

## 兰亭临帖，行云流水
### 《兰亭序》

方文山创作这首歌词的灵感来自中国绝世书法珍品——书圣王羲之的《兰亭序》。歌曲开始以二胡引入，采用高潮部分的旋律，直接进入主题，大气、恢宏。二胡的演奏犹如正在运笔书写的行书，快速流畅而不失韵律感，音与音之间的连贯犹如行书字与字之间的丝连。音乐上的别出心裁完全贴合了《兰亭序》作为"天下第一行书"所具有的特点。二胡本身的音色细腻、委婉、古典韵味十足，开头即先入为主地将听者带入古香古色的环境。周杰伦开始演唱时，旋律转为安静的伴奏，轻敲的打击乐与弦乐相结合。这一部分的演唱吐字清晰、平仄有序，时而带有些戏曲的念白感觉，将女子月下推门的姿态、难以形容的美貌娓娓道来。"一行朱砂 / 到底圈了谁"这句的乐曲演绎采用了卡农形式，演唱时伴奏分层次演奏同一旋律，每次相差四个音，有层层递进之感，推动音乐向前发展。进入副歌，清澈的铃音如同从山顶蜿蜒而下的流水，亦如天上坠入地面的星河，清晰璀璨。此时的弦乐、打击乐一并而出，音乐要抒发的情感也走向高潮。"无关风月 / 我题序等你回"，但是当手中悬笔欲落之际，心中激荡的思绪却也不免如岸边堆叠的雪浪，而爱情何解？怎么落笔都不对，若不是真的谈过一回恋爱，恐怕一生也无法描摹出如此千变万化的情思吧！中间的间奏没有采用纯乐器伴奏，周杰伦以京剧花旦的吊嗓将副歌歌词重新演绎了一遍，仿佛是故事中上演的一出戏，还增添了古典意味。歌曲结尾依然采用二胡独奏，悠扬、委婉，预示着故事告一段落。

《兰亭序》收录在专辑《魔杰座》当中，方文山从王羲之《兰亭序》的运笔中找到创作灵感，以字形容女子之美。歌曲旋律亦如书法真迹，连贯不拖沓，行云流水般顺畅。整首歌韵味悠长，颇具古典美，如一杯上好的茶，值得细细品味。

## 伽蓝听雨盼永恒

### 《烟花易冷》

在《跨时代》这张具有强烈时空感的专辑中，周杰伦收录了这首很有韵味的《烟花易冷》。方文山具有强烈的复古情结，而周杰伦在创作之前听闻了古代一段凄美的姻缘故事，因此二人将这首歌的故事背景锁定在北魏洛阳城。

为了营造氛围，歌曲开始部分采用简单、干净的吉他与钢琴伴奏，旋律一出，瞬间觉得安静。进入歌词部分，依然采用吉他做主要伴奏，故事由此拉开序幕：将军因缘邂逅女子后，二人一见钟情并且私订终身，此时将军却被朝廷征调至边境征战，在连年的兵荒马乱中，帝都洛阳沦为废墟，残破不堪。女子苦候将军不归后，落发为尼，待将军历经风霜归来寻至女子所出家的伽蓝古寺，她却早已过世。人们告诉将军，这里一直有一个女子在等他。"遁入空门""辗转一生""生死枯等"，简短的词汇概括了将军离开后，女子的余生。对爱情的坚贞让女子一生一心只为将军守候，这也是将军征战沙场最终活着回来的坚定意念。也许是造化弄人，两人最终未能重逢。为了表现安静、凄婉的氛围，整首歌曲在编排上并未营造较为强大的气势，副歌部分除了吉他、钢琴，还加入了笛子。笛声并不是通常我们听到的那种明亮、清脆的音色，而是轻柔、缓和的，犹如烟雨中连绵的山丘，衬托歌曲表达情感的悲凉。

与之前的中国风作品不同，这首歌在第二遍副歌结束时增加了说唱，以 Rap 形式将副歌歌词重新演绎，别有一番滋味。

## 风中萧萧，恩怨未了
### 《红尘客栈》

江湖儿女的恩怨情仇一向是武侠小说偏爱的情节，在周杰伦的专辑《十二新作》中，中国风作品《红尘客栈》用音乐讲述了一段江湖中的侠客柔情。救出红颜知己、决意隐退江湖的武林大侠，封刀于东篱之下，誓与美人隐居世外桃源。本以为远离尘世，可以一日三餐、粗茶淡饭、平安度日，谁知江湖这般险恶，突如其来的复仇打破了生活的平静。为了保护心爱之人，大侠单枪匹马、遍体鳞伤，哪怕付出生命代价。

歌词很有苍凉感，"天涯""风沙""古刹""荒村野桥""世外古道"，与马致远的《天净沙·秋思》中的"枯藤老树昏鸦""古道西风瘦马"有同种意境。歌曲的开始前两句由钢琴弹奏高潮部分的旋律，简单、干净，不加任何装饰。第三句加入管弦乐与古筝等，引领情绪，预示着故事即将开始。歌唱的部分旋律分两个层次，一是钢琴，二是古筝，两种乐器分别演奏不同的旋律。钢琴依旧简单明了，古筝则古香古色、韵味十足。两条旋律线中西结合，形成此起彼伏的交错感。乐曲在某些地方运用了中国戏曲的元素，因此在唱腔上，周杰伦也融入了一些戏曲的技巧，颇有意趣。进入副歌，旋律力度变强，带动情绪向高潮发展。此时，管弦乐统领，而古筝则相对作为一条暗线穿插其中。不断向高潮推进的音乐推动故事发展，副歌结束后，葫芦丝成为传达音乐的主角。它的出现并不突兀，葫芦丝音色极具传统韵味，悠扬中又带着悲凉与伤感，十分符合歌曲要表达的情感。在演唱第二段歌词时，周杰伦以近似念白的形式演唱"我说缘分"这四个字，像是在感叹侠客与红颜知己的缘与分。最后一遍副歌之前，所有乐器的表现力度都达到最大，歌曲的情绪达到高潮，高潮结束后，音乐回归平静。结尾用二胡与钢琴搭配，二胡幽怨的音色夹带着些苍凉，似乎在告诉人们故事以悲剧收场，钢琴依旧简单、干净。

　　整首作品当中，周杰伦用歌唱为我们讲述了一段江湖中侠客与美人之间的凄美爱情。生动的歌词为我们呈现了一幅古典侠客与美人的工笔长画卷，他们每一个表情、每一个动作似乎都历历在目。

　　周杰伦的中国风歌曲古朴、精致、凝练，乐器的使用上并未因追求"复古"而单一使用中国传统民族乐器，而是将它们与现代西方乐器巧妙结合。风格、表现力完全不同的乐器，通过缜密、细致的编排，天衣无缝地融合在一起，没有丝毫的生硬、碰撞感。周杰伦对中国民族传统乐器的使用十分讲究，烘托氛围、表达情感、承前启后等都会有不同乐器以不同的音色、速度、力度来呈现，传达古典韵味和复古情怀。现代流行音乐经常使用的鼓、贝斯、吉他、键盘则是将周杰伦的中国风歌曲定位为"流行音乐中国风"的要素之一，以流行音乐最基本的乐器配置演绎古朴味道。传统与现代是两种截然不同的风格，一个崇尚典雅、含蓄、意蕴深厚，一个追求热烈、奔放、言简意赅，二者看似不能融合，孰知经过周杰伦的精妙处理，却能相得益彰。

　　史宏宇（中国传媒大学音乐与录音艺术学院硕士研究生）

## 周杰伦音乐「节奏」的文化诉求

　　从偶然为之到精心创制中国风歌曲，周杰伦经历了对自己音乐作品的维护和定义：周杰伦在首张专辑《JAY》中意外收获了中国风的灵感，曲目《娘子》采用仿古歌词的手法受到人们普遍关注，而后在专辑《叶惠美》中大胆推出《东风破》，在新编曲、新唱法、新概念的音乐性中表现对古辞赋、古文化、古旋律运用的高超技巧，呈现出对中国风歌曲崭新的定位与定义，开启中国风音乐形式的创造之路。在专辑《魔杰座》中，《兰亭序》起伏婉转的音乐节奏和优美典雅的歌词文字，已经达到一种自由的契合，绽放出华语音乐艺术风雅之大美。周杰伦的部分音乐作品以"中国风"冠名，真正成就他这类作品音乐意义和价值的不仅仅是方文山的仿古歌词，还有周杰伦创作的曲风。方文山在谈及他与周杰伦之间的成就关系时，坦言："当然是周杰伦成就了我。这个你要先从词曲的地位上来看，很简单，旋律是一个人的骨架，歌词是这个人的衣服，如果这个人骨架很好，你拿来一百套衣服给他，好看的衣服当然会帮他加分。所以，以这个标准去判断就很简单了，周杰伦的音乐旋律是基础，一定要有这个基础，那歌词是为这个旋律复制出一种画面感，有锦上添花的作用。就是一个作品完整，就像一件商品一样，完成以后，要促销出去，包装是一定要的！"当然，方文山的话语之中有其自谦之意，但也揭示了乐曲在周杰伦中国风歌曲中的价值与意义。

主导周杰伦中国风歌曲的音乐是一种强调性的回复节奏。什么是节奏？事实上，我们一直处于自然节奏的包围之中，比如我们的心跳、呼吸和走路的节奏，更不用说像滴水或波浪拍岸这些节奏了。甚至在出生之前，我们就已经处在妈妈的心跳和她运动的节奏之中了，出生之后，作为婴儿的我们又经历了有节奏的触摸、爱抚、拍打和摇动。那么如何理解音乐中的节奏呢？法国美学家杜夫海纳（Mikel Dufrenne）说："节奏……到处都能看到它：作为一个组成要素，它出现在一切艺术中，也出现在一切负有自己的时间过程的现实中，出现在生命现象中，或许还出现在历史现象中。"美国戏剧理论家凯思林·乔治（Kathleen George）说："节奏之于我们，犹如哈姆雷特的鬼魂之于守夜的卫兵，常常令人费解，难以捉摸。"可见，节奏既广泛存在于自然界和社会之中，又普遍存在于艺术之中，从某种意义上说，没有节奏就没有艺术。音乐无疑是最富有节奏的艺术，节奏是音乐构成的核心要素，是音乐生命力的源泉，是音乐表现的精髓，是音乐之于人的变幻莫测和奇思妙想的呈现方式。

周杰伦早期音乐魅力的绝妙之处在于以 R&B 节奏统御歌曲，强调对 Hip-hop 中

Rap 的运用。如,《可爱女人》中复调运用同一个旋律来构成同义反复和无限循环的感觉,营造了对"可爱女人"的强烈爱慕之情和无以复加的爱意表达。

> 温柔的让我心疼的可爱女人 / 透明的让我感动的可爱女人
> 坏坏的让我疯狂的可爱女人 / 漂亮的让我面红的可爱女人

这种复调形式的运用和饶舌的说唱在《龙卷风》《忍者》《双截棍》《龙拳》《以父之名》《本草纲目》《将军》《乱舞春秋》等歌曲中不断获得再度创新和运用,并为其赢得了 R&B 小天王的美誉。资深 DJ 阿彦曾经揭示周杰伦能把 R&B 唱红的原因,就在于他通过含混的发音解决了 R&B 音乐曲风吐字的问题——将多为单音节发音的中文的抑扬顿挫感减弱,模拟多音节构成的发音形式,从而完成对 Rap 的饶舌演绎。此后,周杰伦开启对 R&B 音乐的挖掘,并不断追求其与中国本土文化的结合。最典型的就是《娘子》,周杰伦有意将 R&B 曲风与中国古典诗文的韵律协调融合,试图探索出具有东方风格的 R&B。这首歌曲始终被一种强烈的节奏感所主导,歌词有效地镶嵌入节拍的律动中去,但他并不是把文词以单纯断句的方式植入乐曲的节奏律动中，而是依据文词的节律，完成对 R&B 节奏的融合。因此，这首歌曲既有古典韵律，又有 Rap 跳跃感。周杰伦先导性地将 R&B 节奏引入编曲中，随即把歌曲带入一个总是被 Rap 投射的格局中。在《娘子》中，古诗赋的格律特征则得到了发展，其中的文词律动作为歌曲之本根植于 R&B 的节奏中，这样的转变颠覆了听众的感受，人们由此发现，中国元素也可以进入流行世界。此后，周杰伦开启了对东方旋律的挖掘和探索，并不断追求对 R&B 格局的突破与创设。

在被视为现代流行音乐纯粹中国风开山之作的《东风破》中，歌词运用的古辞赋并不以字词的平仄曲折构筑律动，而是以韵脚的铺排建立节律。从歌词来看，以"ou"韵构建整首歌曲的韵律感，如：口、走、后、喉、瘦、偷、幼等，并在乐句中以多个"ou"韵的字词构成"密韵"，以"密韵"构筑乐曲音节的间歇、长短、时间和停顿，从而使整首歌曲营造出一种多层次的回环感。如，"一盏离愁孤单仁立在窗口 / 我在门后假装你人还没走"，"你走之后 / 酒暖回忆思念瘦"，"犹如那年我们都年幼"。另外，又以同韵部的"o"韵、"uo"韵和"ou"韵构成同句反复的回环感，如，"旧地如重游月圆更寂寞 / 夜半清醒的烛火不忍苛责我"，"岁月在墙上剥落看见小时候"。此外，还见以"a"韵和"o"韵，以"ao"韵和"ou"韵分别构成呼应。由此可见，一个完整的曲式便是一个回环的场域。整首歌曲中的九个小节组成九个连环的场域，营造出一种回环美的音乐性效果，这种层叠复沓的音乐性节奏，在整饬的歌词中呈现出富于变化的艺术效果。从编曲上看，每拍一般只唱一个字或者两个字，这种配唱与中国古诗词的吟咏节律吻合度非常高，而且唱起来有一种"谣"的旋律，鲜明地呈现出中国古诗词重格律的兴味，也因此凸显出鲜明的中国风特色。

在《娘子》中，周杰伦就试图通过借助高难度的配唱（两拍竟唱了十一个字）来呈现 R&B 的节奏对古文词的演唱，被认为是别具特色的东方 R&B 音乐。但从传播的角度上看，这种歌曲不容易被人接受和传唱，其原因就在于编曲与演唱的弥合度较低，古文词在节拍的律动中显得混沌而模糊，从而降低了它的韵律感。人们很难通过聆听在脑海中构造出相应的画面，从而无法有效地实现对这首歌曲的传唱，遑论最终实现以"时尚"为名制造的流行。因此，在 2001 年，虽然方文山凭借这首歌曲获得第 12 届金曲奖最佳作词人奖提名，开启了他全新的创作历程，但不可否认的是，《娘子》最终还是作为试验品遗落于周杰伦中国风歌曲的边缘。

在周杰伦众多的中国风歌曲中，要说真正称得上具有世界影响力的作品，笔者认为是 2006 年 12 月入围第 79 届奥斯卡金像奖最佳原创音乐 56 曲大名单的《菊花台》。这首歌曲引人入胜的地方就在于东方古筝和西方管弦乐音的相继出现和交互流动，别有一番"管声依折柳，琴韵动流波"之美妙。乐曲配上方文山的仿古歌词，确乎完成了对中国传统艺术的绝佳领悟和运用，使《菊花台》呈现出无限的风韵、无尽的情韵、悠长的远韵、绵绵的余韵，在纯雅风姿、悠悠琴心、神与化游中绽放出中国音韵的气韵之格。

与《东风破》相比，《菊花台》的节奏舒缓而绵长，律动幅度有所减少，回环和复沓的密度变大。整首歌词的韵脚为"ang"，句法整饬，不似《东风破》中仿照旧诗的几何学格律，更多采用了现代言语之自然律，最明显的是助词"的"大量渗入。此外，《菊花台》不是以"密韵"形成节拍，而是以自然的"音尺"构筑情绪的节奏和音韵的节奏，如：

你 / 的泪光 / 柔弱中带伤，　惨白的 / 月弯弯 / 勾住过往
夜 / 太漫长 / 凝结成了霜，　是谁在阁楼上 / 冰冷的绝望
雨 / 轻轻弹 / 朱红色的窗，　我一生在纸上 / 被风吹乱

梦／在远方／化成一缕香，随风飘散／你的模样

　　音尺的排列是不规则的,但是每段的第一乐句都由一个一字尺、一个三字尺、一个五字尺构成,由此形成一个回环复沓的节奏。副歌部分中的第一个乐句和第三个乐句的节奏完全一样,都是由两个三字尺和一个七字尺构成,成为副歌的主旋律,从而又形成了一个回环往复的场域。

　　菊花残／满地伤／你的笑容已泛黄，花落人断肠／我心事静静躺
　　北风乱／夜未央／你的影子剪不断，徒留我孤单／在湖面／成双

　　整首歌曲的韵律呈现出自然的吟咏状态,自然断奏,字尺的节奏悠长、舒缓,用字尺的切分形成节奏,旋律平稳,少跳跃、少重音。当然,《菊花台》的音乐不仅能表现稳定和明晰的情感,还能表现纷乱和变化的心绪。周杰伦往往在每段中设置变化的字尺结构,制造出感情和节奏上的纷乱状态。节奏就是一种动态的叙述,节奏以

非文字的形式表现出了文字无法言说清、言说尽的东西。

如果说《东风破》《菊花台》是凭借韵律营造回环复沓的音乐效果，那么《兰亭序》则以完全重复相同的乐段的方式，制造突出的节奏空间，从而形成对主旋律的强调。整首歌中，"无关风月 我题序等你回 / 悬笔一绝 那岸边浪千叠 / 情字何解 怎落笔都不对 / 而我独缺 你一生的了解"被重复了四次。但是这种重复的节奏因为借用了京剧花旦吊嗓的演绎方法，再次获得被阐释的新节奏和新韵律，完成对副歌的艺术化处理。这种艺术化处理首先使主歌与副歌的关系发生紧密的关联，副歌以另外的方式对主歌完成再度演绎。而这种以京剧形式的再度演绎，成功实现了主歌和副歌的旋律既不近似，又不离题的艺术效果。周杰伦借以把古今抒情的方式（流行歌曲和京剧）熔铸在一起，不但在节奏上形成了古与今往复回旋式的审美观照，还在思想上构造出古与今时空穿梭的审美空间。

事实上，流行音乐引入京剧并不是周杰伦的独创，此前就有陈升的《北京一夜》，值得注意的是，这首歌曲中的京剧色彩构成了歌曲的主旋律，主歌和副歌中都有京剧的韵律，层次更显丰富。不可否认，这是一首姹紫嫣红的流行乐与国粹京腔结合的完美典范，但是这首歌曲偏重以戏曲曲调规约自身的中国风特色，其中京腔成为这首歌最鲜明的标志。相比之下，周杰伦的《兰亭序》中的京剧吊嗓更偏重起色的效果，好似文章中画龙点睛、点石成金的神来之妙笔，令人赏心悦目，更具超越性和创新性。它除去了京剧的博大与厚重，还原到流行音乐轻巧和灵动的音乐特色上。起码从体验、直觉上来说，它的流行性更大，而这也是流行音乐生命力的保障。

在周杰伦所有的中国风歌曲中，《烟花易冷》也许是最能以悲伤情节撼人情思的歌曲，歌词内容和旋律形式都具有沁入人心的凄绝断肠之感。但是，这种悲情因为节奏和旋律的绝妙配合却产生出一种华丽的感觉，使人在聆听中获得精神上的净化。总体来看，歌曲只用了两个不同节奏的小结构筑主歌和副歌，通过回环反复完成了对悲情的营造。

繁华声 / 遁入空门 / 折煞了世人

梦偏冷 / 辗转一生 / 情债又几本

如你默认 / 生死枯等

枯等一圈 / 又一圈的 / 年轮

雨纷纷 / 旧故里草木深

我听闻 / 你仍守着孤城

城郊牧笛声 / 落在那座野村

缘份落地生根是 / 我们


　　这两个小结虽然内部的音尺设计各有不同，但是每个小节最后都以二字尺结尾，如，"年轮""在等""认真""我们""永恒"，除了形成缠绵低徊、魂牵梦绕的节奏韵律，更将哀伤心境、蚀骨之痛表达得婉约深沉，而这就是东方美学中对怨愤之情别具特色的一种抒发。"怨"即哀怨，"愤"即愤悱，"怨愤"是中国抒情文学的一种主体意识，是一种受到压抑和克制的情感状态。在东方美学传统中，我们更倾向于将这种怨愤表达、把控在"哀而不伤"的程度，也因此更强调情感的自持，而非宣泄。《烟花易冷》在艺术上显然是对这种矜持内敛的东方传统美学的精致处理。每小节的二字尺结尾增加了对情感的曲折表达与有意遮蔽，还制造出感人至深的诀别之苦，并将怨愤升格为告哀，其中的郁结又是何等深刻。副歌部分采用 Rap 的快节奏，更将这种郁结进一步强化了。

　　收录在《十二新作》中的《红尘客栈》在 2014 年获得了香港"十大中文金曲奖优秀流行国语歌曲奖"银奖。歌词和曲调很有一种"古道西风瘦马"的苍凉味道。从歌词来看，这是一首明显的仿古之作，略去了 Rap 的说唱，完全以诗词的韵律构成旋律，但又与同样没有说唱的《青花瓷》和《菊花台》不同。《青花瓷》是以演唱的停顿构筑起承转合，《菊花台》是一首以"的"字构建停顿的现代诗。如此来看，《红尘客栈》则是一首完全以古诗词韵律取胜的中国风歌曲。主歌部分押的是"a"韵，如，"沙""挂""下""刹""杀""洒""发""桠""茶""雅""霞""话""画"；副歌则押"ao"韵，如，"笑""抱""敲""腰""道""遥"。韵律规整和谐、韵脚缜密，充分展现节奏的自然美感。

继《红尘客栈》之后，周杰伦在 2014 年底发行的《哎呦，不错哦》专辑中推出《天涯过客》。与他之前的中国风歌曲相比，这首歌曲更具古诗词的风韵。韵脚的安排比以往更加繁复，每一个小结中都暗藏韵律，主歌部分的第一节和第二节押"a"韵，如，"下""沙""茶""瓦""话""答"，第三节和第四节中押"ao"韵，如"绕""高""寥""啸""腰""桥""笑"，副歌部分又是每句都有一个韵脚。多重韵律不但没有让人觉得烦琐，反而制造了行云流水般的顺畅和自然。笔者以为，对周杰伦而言，韵律是歌曲最大的价值，这不是对古诗词的膜拜，而是精妙绝伦的借用和化用。无论

過荒郊崁橋尋世外古道

遠離人間塵囂

柳絮飄執丁之手直逼

檐下窗櫺斜映枝椏

與你席地對座飲茶

紅庵客棧

乙年秋書於真菊文賢

是在仿古歌词中，还是在融入了 Rap 的中国风歌曲中，周杰伦似乎都在竭力将我们引入古风韵律的氛围里。

实际上，周杰伦歌曲中的韵律安排都很婉约、平静，它传达着一种至情至性的柔情之美、东方传统的含蓄之美。从《红尘客栈》和《天涯过客》两首中国风歌曲来看，周杰伦似乎有意挣脱中西合璧的艺术形式，放弃说唱在中国风歌曲中的运用和处理，转而利用层叠的韵律加强歌曲的节奏感。这种节奏不躁动、不狂野、不激越，而是安宁、寂静、层叠，似乎在不断增加空间的维度，但又不增加强度。我们被歌曲平息中的惶惶不安所打动，被一段似乎经历过的往昔所牵绊。在《红尘客栈》和《天涯过客》中，我们看到了周杰伦对中国风音乐的挖掘和新的创造，他打开了古韵的大门，发现了古韵的广阔性，他轻而易举地从 Rap 抽身而出，复归到纯粹的韵律世界中，轻松地驾驭着韵律的音符和节奏的律动，完成了对中国风歌曲价值的再巩固，也让我们感叹古韵深厚的内涵。在某种意义上，周杰伦的中国风歌曲是用音乐完成对古韵的一次图解，为我们重新认识韵律开启了一扇重要的艺术之窗。

从《娘子》到《东风破》《菊花台》，再到《兰亭序》，我们看到了周杰伦从最初希望用 R&B 来呈现古诗赋的美，到借助古文严整规范的格律和现代诗律动的自然之美来呈现华语歌曲的魅力，再到化用国粹京剧曲调完成对华语流行歌曲打造的升华，这一过程中，对节奏的思考始终贯穿于周杰伦音乐创作的生命之流中。而从《烟花易冷》《红尘客栈》《天涯过客》中，我们则看到周杰伦重新创造韵律的可能，他利用韵律制造定格式的节奏感，贴近R&B的试听感，以及解除Rap在中国风歌曲中的呈现，以更完整、更自然的中国风的原始性来满足歌迷们对音乐流行与古典韵律的双向追求。也许人们无法想象利用古韵对R&B的改造能够达到如此高度的统一：反复的韵律聚集而成为一种巨大的力量，但又不失去本身的东方个性——柔美含蓄、清冷幽怨。古典诗文的节奏律动之美，以一种觉醒的生命力推动着周杰伦不断调整和创新，从而完成对中国风歌曲艺术的构想和创设。由此，周杰伦进一步探入中国文化精神的内核，把这一节奏化和音乐化的文化遗产视为中国风歌曲的体魄和精神——他从节奏的维度把握到中国文化的"灵魂"，正体现了其中国风歌曲文化诉求之所在。周杰伦中国风歌曲对节奏的运用，让我们不但可以反观中国传统文化之博大精深，还可以感受到现代流行音乐无限的创造活力。

郑斯扬（《福建论坛》杂志社编辑）

# 叩问周式音乐文化密码

　　对于周杰伦音乐的创作特色，一批具有音乐素养的人士做过深入的分析，在此我们试图从另一个层面来探讨：从文化角度来看，周杰伦音乐魅力究竟来自何处？换句话说，作为流行文化的周杰伦音乐，有哪些文化内涵值得深入探究？人们都知道，周杰伦音乐一个最大的特点就是多样性，而且至今他还在尝试更多的可能性——在音乐风格上，他显然是不纯粹的——纯净而又鲜明统一的风格绝不是周杰伦所追求的。从整体上看，周杰伦音乐作品在作曲方面汲取了古今中外各种音乐元素，并成功地对这些元素以他自己的方式做了创造性的转化，尽管中国风已然成为周杰伦音乐标志性的风格，但事实上，他呈现给世人的无疑是多样化的音乐风格，中国风只是其音乐风格的一个部分。我们很难设想，现今十三张专辑中，如果都只有中国风这样的曲风，周杰伦的音乐还有可能吸引那么多的粉丝吗？拥有多样性的音乐元素，加之出色的作曲能力，周董很自然地就将一种丰富多元的音乐呈现给世人。而与音乐的丰富多元相得益彰的歌词主题的多元性似乎也顺理成章了——无论是宏大的历史文化主题，还是关乎个体的亲情爱情，抑或是琐碎的日常事物，都能被巧妙地化作音符，成为美妙动听、悦人心扉的曲调。

很显然，多种音乐元素的融合是造就周杰伦音乐魅力的重要因素，而歌词主题的多样性显然也不可忽视：励志、反战、亲情、爱情、魔术，涉及内容格外丰富。最有中国特色、最多中国元素的方文山的仿古歌词，创造了一种古韵浓厚而又带着现代感的独特审美意趣。那么，接下来的问题是，这种在高雅音乐中比较少见的兼收并蓄甚至有些杂糅式的音乐，为什么能散发出如此巨大的审美能量，甚至有些曲子完全有可能成为一个时代的经典？

一种优秀的文化创新究竟是怎样形成的？如果从一个单独的个案难以看清问题的就里，那么，不妨让我们把目光投向一个时代——比如唐朝，那样一个大师云集、杰作迭出的时代，是怎样走进我们中华民族历史的？透过浩如烟海的历史记述与无数大家的经典阐释，我们多少能梳理出几缕头绪：超越民族的包容心态、崇

拜文明的虔诚心理、追求个性的精神自由——这是大唐帝国之所以
成为盛世的深层文化内因。正如余秋雨所说："盛唐之盛，首先盛
在精神；大唐之大，首先大在心态。"

　　唐朝文化之所以具有宏大的气象，得益于其接纳和吸收了来自
众多其他民族及异域的文化。多元多样、百家杂陈的文化元素提供
了极其丰富的精神营养，为酿就伟大的文化奠定了坚实的基础。但
文化的多元也可能带来另一种结果，就是淹没本土文化或使本民族
文化变得毫无特色。然而大唐广阔的胸襟使其能以海纳百川的气魄
包容一切，并为自身文化精神的形成夯实根基。唐代的长安城是世
界第一个人口超百万的城市，经济发达、交通便利、百姓富庶，富
有盛名的东市与西市更是商贾云集、酒肆茶楼遍布、歌舞升平，长
安城因此成为那个时代万国来朝、世人向往的中心。但这个比同时
代的罗马城还大六倍的东方古都，其真正的魅力则来自于她多彩多
姿的文化，以及对世界各民族文化的包容气度与涵化能力。众多的
文化汇聚长安，不仅带来繁盛的文化景象，更为唐帝国建构自身的
文化提供了难得的精神土壤。一种文化在汲取其他民族和地域文化
精髓的同时，可以拥有更多的选择——依据自身政治社会发展的需
要，在遴选各种文化的基础上进行混合或嫁接——这无疑是产生一

种伟大文化最好的氛围和机遇。

唐朝是幸运的，赶上了这样的历史机遇；唐朝又是有作为的，它的制度和包容创造了这样的机遇。这个制度体系中最突出的方面就是对人的尊重与包容。开放的文化如果没有对人的尊重是难以实现的。例如，唐代女子社会地位之高前所未有，恋爱婚姻的自由度远比其他朝代宽松，这不仅体现在束缚女子的贞洁观的淡薄，而且体现在法律制度上。在唐代，女子失身与再嫁均不被视为不贞，也不会受到社会的歧视，成年女子拥有恋爱婚姻自由，不受父母约束。女子还可以参加各种社会活动，除了像男人一样骑马、踏青，还可以参加打马球等公众场合的休闲、体育活动，甚至在参政、教育等方面享有与男子平等的权利。这种开放的社会文化氛围解放了女子，更解放了人性，使人在自身发展和接收外来文化方面获得自由和广阔的空间。

人性的开放必然带来社会等级某种程度的松动，打破皇家贵族垄断文化的格局。贵族文化向体现个性的知识阶层文化过渡，出现不同的学派；商品经济的发展促进了表现百姓趣味的市民文化的发展，使得民间文化丰富多样；多层次、多元化的文化汇聚与交融，形成丰富多样的文化内容与形态——由此造就了辉煌的唐朝文化景象。

不难看出，源自多元文化因素和养料的文化，往往能创造出不同凡响的杰出作品。不仅是大唐，欧洲文艺复兴时期，因为同样具有开放的文化氛围，给多元文化融合提供机遇，造就了一个群星璀璨的时代。今天的时代虽然不同于唐代与欧洲文艺复兴时期，但那些年代的文化创造多少给我们一些启示——多元文化（艺术）成分的融合，是文化创新和杰出文化人才及其作品诞生的重要条件。

现在让我们把目光从遥远的唐朝收回来，以多元文化视角来审视周杰伦的音乐。人们已经注意到，周杰伦音乐融合了古今中外多种音乐元素，就是歌词也涉及诸多主题。当代流行音乐中，许多歌手通常以单一的标志性曲风赢得在流行乐坛的地位，但如果歌手能够拥有多种曲风而跻身乐坛，或许能够产生更加持久的影响力。2005 年，由美国《人物》杂志评选出的 1995—2005 年最具影响力的世界十大音乐鬼才排行榜中，玛丽莲·曼森（Marilyn Manson）、迈克尔·杰克逊（Michael Jackson）都是最顶尖的摇滚乐手之一；艾薇儿·拉维尼（Avril Lavigne）则以女歌手身份掀起了一股欧美女性摇滚的浪潮；图帕克（Tupac）因擅长 Hip-hop 而成为历史上的一个传奇人物；埃米纳姆（Eminem）是美国说唱界的一面旗帜；铁斯托（Tiesto）则是世界第一的 DJ 高手。同样被列入该榜的周杰伦，不仅是唯一的亚洲歌手，更以中国风歌曲影响了一个时代。细究起来，他的曲风或许更为多元——兼有上述顶级音乐鬼才所具有的 Hip-hop、DJ、R&B、Pop、Rap 等当代西方各种流行音乐元素，还具有印度音乐、中国古代音乐、美声中尖锐高音等元素，而更重要的是，这些元素到了周杰伦这里，不是简单的拼凑、无序的混合，而是以作曲者自己的方式进行融合与嫁接，成为具有鲜明主体个性的全新音乐。这种兼收并蓄的方式与唐代多元文化的融合颇为相似——多元因素的有机融合不仅成为一种独创，而且具有丰富的内质和强健的生命力。

正因为携带着诸多音乐基因步入当代流行乐坛，周杰伦影响力的广泛和持久似乎也就成为一种必然。毫无疑问，多种元素组合带来多样而又独特曲风的周杰伦，实实在在地奠定了他的亚洲天王和世界歌手的地位。周杰伦的音乐世界尽管已经为大众所熟知，但其背后的深层文化内涵并未被深入阐发。流行音乐显然是从传统音乐中抽身而出，建立起具有自身创作法则的音乐世界，它有传统音乐的影子，但却已经在许多方面打破了传统音乐的局限，成为更加接近生活本身、接近自然的自由的音乐创造。传统音乐中的巴洛克派和古典乐派都是一种理性化的音乐，遵循既有的规范和程式。诚如学者高宣扬分析的那样，传统音乐中的典范，必然是"依据有规则、有规律振动及其协调的原理，以音乐的高低、强弱及音色的节奏、旋律与和声等因素合理配置而构成的一种艺术"。当这种规则运用到一定程度，势必成为一种固定模式，虽然经典，却往往"把许多自然界和人类社会日常生活中天然发出的各种声音，加以人为的理性主义的筛选和配置，因而也把大量的原始自然声音和生活声音排除在音乐之外，使音乐越来越远离生活世界本身，从而也丧失了其寻求自由的本质"。

　　周杰伦的流行音乐从来源上看无疑是非常多元化的，但这种多元化的复杂结构显然不同于传统音乐被理性化了的，而是开放式的自由结构，可以随时进行想象和创造。音乐在某种意义上是一种声音游戏，而经由当代流行音乐家们的创造，则可以"从声音游戏过渡到更为自由的符号游戏的过程中，当代音乐一方面把声音提升为一般的抽象符号，另一方面又将各种新的人为的非声音符号纳入到声音游戏的循环之中，创造出多元的、除了声音以外的各种符号游戏立体地相交错的新局面"（高宣扬语）。可以说周杰伦就是创造这种新局面的高手，他不但融合了多元音乐元素，还将魔术、药典、武术、皮影戏、戏剧大师等非声音符号融入音乐，同时还善于把日常生活中原生态的声音纳入创作之中，甚至连对话、接打手机等未经任何音乐处理的声音元素都被组合到作曲和演唱过程之中，成为一种极具自由度的音乐创作。

　　周杰伦的流行音乐创作历程，延续了自斯特拉文斯基（Stravinsky）和勋伯格（Schoenberg）以来的一系列当代音乐的创新历程，这种创新的要义，按照法国作曲家、学者米歇尔·希翁（Michel Chion）的分析，"是对理性主义、逻辑中心主义和语音中心主义的传统文化进行调整的表现，也是人类尝试返回原始文化和原始音乐状态，重温元素游戏状态中透过最自然和最具体的声音结构进行资源创造的乐趣，并从中试图闯出一条改造现有音乐和全部文化的崭新途径"。事实上，作为后现代艺术的当代流行音乐，其根本宗旨就是打破既有规范，追求最大限度的自由。"后现代主义者意识到，只有彻底打破传统的语音中心主义和逻辑中心主义的理性化原则，才有可能为一种崭新的无限制的自由开创出无限的可能天地。"（高宣扬语）作为后现代主义的后结构主义者，更是看到种种理性化的传统意义结构在很大程度上约束和限制了人们的思想、语言和行为的内在自由，为突破列维－斯特劳斯（Levi-Strauss）等结构主义满足于用二元结构方式来分析语言、神话、音乐和文化的局限，提出要在彻底打破传统语言和文化结构的基础上，寻求一种自由自主、无拘无束的创作活动。

当代流行音乐正是追求和崇尚自由的音乐创作方式。自幼学习古典音乐的周杰伦，之所以最终选择进入流行音乐的轨道，或许就是内心潜藏着的自由的天性和创造的冲动使然。那首一面世便受到热捧的《双截棍》就是因为颠覆传统音乐观念，完全置规整歌词、句句押韵、吐字清晰的基本规范于不顾，以无拘无束、发自内心的律动与节奏，气势如虹、酣畅淋漓地表现中华武术的神奇、儒家思想的魅力而唱遍大江南北。不过，流行文化通常具有双重性：一方面试图打破传统文化和精英文化的规范和自律，以追求无限创造和自由空间；另一方面，又受制于商业逻辑和资本逻辑，形成某种新的自律与规则。西奥多·W·阿多诺（Theodor Wiesengrund Adorno）早就洞察到这一现象，他指出，当某一首歌曲获得巨大成功，成百上千模仿它的其他歌曲就会出现。也就是说，商业和资本逻辑总是会以各种方式行使对流行文化产品的干预权力，让那些被验证具有市场消费空间的产品大批量地投入生产，而其结果，便是导致文化产品的标准化。据此，阿多诺做出他著名的论断：标准化是流行音乐的根本特征，即使有时极力回避标准化，流行音乐的整体结构仍然被标准化了；流行音乐总是让人们找到相似的感受，而根本性的新奇的体验不会产生。

周杰伦的音乐也有重复自己的地方，但他显然是一个不断在寻求突破和创新的音乐人。就拿中国风歌曲来说，虽然都是古典与现代的结合，却各有其自身不同的韵味；而中国风之外的歌曲，不论音乐还是歌词主题，始终在变化之中。我们还注意到，他的创造超出了简单的音乐游戏，而具有符号游戏的丰富内涵。周杰伦不仅从日常生活、民族音乐和西方当代流行音乐中汲取养分，以自由的方式创造了流行音乐新形态，而且在其中融入了个人的独特风格，具有了文化符号的意义。在周杰伦的音乐世界中，打破传统意义结构的创作比比皆是，既往的种种主题都被以全新的方式进行自由的创造和表现。但难能可贵的是，周杰伦没有因为不循规范的自由创造而抛弃传统价值、消解真理意义——他借助传统意象进行的现代音乐演绎，巧妙地将五声民乐调式融入流行音乐、将传统民族器乐运用于现代编曲，创造性地以现代流行音乐唱出古典韵味，建构起符合新时代需求的音乐美感。与此同时，他还弥补了许多当代音乐人创作肤浅浮泛、缺乏内涵的不足，将母爱、反战、励志和爱情等人类永恒主题，功夫、中药、诗意山水等民族文化元素，以新的表达方式呈现给世人，避免了传统价值与真理意义在各种拟像游戏中的丧失。

正因如此，我们在周杰伦既奇异独特又脍炙人口、既古韵浓厚又时尚新颖的音乐（歌词）中，再度深切地体味到人类的普遍情感，也再度亲切和自豪地重温着我们民族的文化意象与符号——这是周杰伦作为流行音乐天王所奉献给这个世界最重要的创造，也是他能持久站立于流行音乐潮头的最关键的内在动因。

管宁（福建社会科学院研究员、《福建论坛》杂志社总编辑）

# 舞台

## 劲歌与炫舞
## 的盛宴

STAGE

4

# 舞动音乐

舞台空间设计

① 韩生，胡佐编著：《舞台设计概论》，文化艺术出版社，2008年，第4-5页。

② 理查德·谢克纳：《环境戏剧》，曹陆生译，中国戏剧出版社，2001年，第2页。

对于立足舞台艺术表演的演唱会而言，舞台究竟意味着什么？在回答这个问题之前，我们首先来聊聊舞台的功能特性。概括来说，舞台具有四大功能特性：一是作为表演场所的实用空间，二是为表演者角色演绎提供的虚拟空间，三是观众审美愉悦的心理空间，四是观众与表演者同时在场的交往空间。① 可见，舞台是由多层结构组成的充实空间，同时也是演员表演和观众视听交往互动的艺术环境。美国戏剧理论家理查德·谢克纳（Richard Schechner）认为："空间可以用无尽的方式改变、链接及赋予生命——这就是环境戏剧设计的基础"，"活生生的空间包括剧场中的所有空间，不仅仅是所谓的舞台"。② 谢克纳清楚地揭示舞台的内涵与外延，并强调指出空间对于艺术表演的显在生命意义。在演唱会上，舞台的布景、灯光、效果、道具总是在统一的艺术设计里呈现宏大的气势和美妙的幻境。当"千军万马"奔腾而来、当"仙子"从天而降、当"鬼魂"游荡在眼前时，观众轻而易举地被带入搏击的残酷战场、美轮美奂的童话世界、阴森可怖的死亡禁地，同时惊喜地发现身临其境的视听方式已然成为一种改变时空的手段。与这种感受相伴而生的是个体生命的一种独特体验。

每个个体都是独特的，因而个体的生命体验也是独特的，对音乐的视听感受同样是个体性的。个体的视听感受因此被赋予完全独特的内涵与意味，并成为个人音乐审美经历中一种专属个人音乐世界的"生命冲动"。由此，对于向观众提供视听盛宴的演唱会而言，舞台设计的成功与否无疑关涉一场演唱会的成败。在华语流行歌坛创下无数佳绩的周杰伦，他的历次演唱会的舞台设计无疑应该成为我们关注的焦点之一。

## 空的空间

"空的空间"是著名英国戏剧导演彼得·布鲁克（Peter Brook）独树一帜的戏剧理论，该理论通过同名专著《空的空间》一书得以诠释。布鲁克在该书开篇就对"空的空间"做了基本释义："我可以选取一个空间，称它为空荡的舞台。一个人在别人的注视下走过这个空间，这就足以构成一幕戏剧了。""空的空间"在某种意义上说，就是"质朴戏剧"。布景、道具、灯光等一切建构空间的部分全部被删除，然后剩余的、空无一物的空间通过演员的表演被赋予舞台意义和价值。布鲁克曾说："与电影的灵活性相比，戏剧曾经显得笨重不堪，而且还有吱吱嘎嘎的响声。但是舞台越是搞得真正

① 彼得·布鲁克：
《空的空间》，
中国戏剧出版社，
1998年，第95页。

空荡无物，就越是接近于这样一种舞台，其轻便灵活和视野之大，都是电影和电视所望尘莫及的。"① "空的空间"当然不仅仅指空荡的舞台空间，重要的是如何利用舞台的开放功能，使之为戏剧演出提供无限的创造空间，从而成为审美空间、哲理空间和生活空间。进一步说，舞台的空间不仅仅是指那些由门、窗、花片、家具等道具所赋予的空间意涵，还有这些道具所限定的空间意义。这个空间既是演员的活动空间，又是可以被演员塑造的空间世界。

　　周杰伦的历次演唱会对空间的塑造都有精彩的呈现和演绎。在2002年"The One"演唱会中，《爸我回来了》就是一个有说服力的开始。《爸我回来了》表现一个少年对父亲家庭暴力的反抗和声讨。舞台被设计为一个简陋、逼仄的房间场景：一张床、一台电视机、不停转动的风扇。阳光只能穿过转动的风扇叶片射进房间，给少年一点暖意，而这是他得到光明的唯一窗口。房间里其余的一切物品都令人窒息，它们散发着腐败的霉味，令人忧伤、恐惧，充满悲情。舞台设计者将宽阔的舞台笼罩在黑暗中，使舞台空着的部分无限放大，营造出极其压抑的阴郁氛围，让人无处躲避、无处逃离。表演中没有出现任何暴力行为，少年的父母亲都没有出现。归来的少年尽力用棒球帽遮住眼睛，时而蹲、时而站，情绪难安。空的空间在这里不只是容纳演员表演的场地，而且强化情绪对抗，促进少年表达父亲殴打母亲给自己带来的无限痛楚，完成了对空间压抑感的塑造。雷声响过后，少年的朋友们涌入房间，带少年走出黑暗，勇敢地向父亲发出反抗的吼声。这时，表演者的形体动作幅度很大。少年们集体的舞动富有绝对正面的感染力。归家的少年摘掉棒球帽，以舞动形成巨大的、与黑暗恐惧和家庭暴力决然对抗的力量。我们注意到，空着的舞台起初充满阴郁之气，而此时则洋溢着正义和喜悦，这里，空的空间被再次塑造，成为强化正义的空间、积极行动的世界。

2004 年的"无与伦比"演唱会中，歌曲《外婆》的戏剧行动在整个舞台展开，舞台上除了一辆旧式老爷车之外，别无其他布景和道具。这首歌曲字里行间表达了对外婆的依恋之情，还流露出自己未能让外婆在颁奖典礼上看到自己获奖的失落和遗憾。据说，《外婆》这首歌曲的创作起因于 2003 年的台湾金曲奖颁奖典礼，那年的金曲奖颁奖典礼之日正逢杰伦外婆的生日，于是杰伦就把外婆带去，本想让外婆可以在现场分享自己获奖的喜悦，却不曾料到自己竟然一个奖项都没拿到。评委的评语是，三年来杰伦的音乐没有改变，还是老腔老调。面对评定，杰伦疑惑、失落、难过、不甘，各种情绪和感情混杂在一起，促使杰伦创作了《外婆》。那么，我们不禁要问，设计者究竟想借助台上的旧式老爷车表达什么？老爷车本意为"经典的古老汽车"，具有浓重的旧日情怀，这层意义不但是概念性的，也是可以直接感觉到的，但是它又不具有标签性质。老爷车昔日的辉煌与杰伦三年以来音乐上的佳绩形成呼应。这样的联系内含于叙事中，从而与叙事表达构成空间维度。这个空间充斥着矛盾与冲突，一方面是对昔日辉煌的感慨，另一方面却要从过去的音乐模式中突围出来，开创新的可能。老爷车成了隐喻杰伦当时音乐状态的实体——他不希望自己的音乐仅仅成为古老经典的代表，而希望借助音乐的引擎赛出不容置疑的成绩，这音乐的引擎是永不落伍的经典。这里不仅凸显了杰伦对音乐永不放弃的勇者之气，更是将一种精神气质表达得清楚感人。在艺术中，思想和情感、内容和形式、再现和表现是不可分离的。老爷车为舞台制造出一种情感特质，这种情感特质只能在歌曲的叙事中得以呈现。正是由于老爷车意义的挥发和升华，周杰伦对这首歌曲的舞台演绎几乎没有形体动作，但却不影响歌曲对勇气的诠释，更巧妙的是，这种不甘失败的精神很好地借助他对外婆的情感而变得绵长。歌曲有意淡化宏图大志和必将凯旋的气势，将对外婆的爱化作奋发进取的动力，将对外婆的亲情关怀作为自己最关注的焦点。正是这种亲情产生了对杰伦当年的音乐遭贬斥的巨大反抗，因为其时最受伤害是外婆而不是杰伦。自然，这种一雪前耻的情绪成为杰伦后来音乐道路上的动力。在表演中，老爷车为这个故事提供了有力的言说——停止与奔驰、旧式与新潮、平庸与经典、失望与喜悦、过去与未来的骤然交锋。

与《外婆》的表意手法相似，周杰伦2007世界巡回演唱会中的《夜曲》采用"高跟鞋"作为制造空间的道具。伴随《夜曲》的前奏，舞台的地面缓缓升起一只巨大的粉红色高跟鞋。与不具标签意义的老爷车不同，高跟鞋是鲜明的标签，它清楚明了地指代女性，被解释为女性代码，是女性文化的一种表征。在人类的文化中，"高跟鞋"的隐喻是女性、美，也是欲望。四个身穿黑色蕾丝吊带装的女孩缠绕着一身纯白的杰伦。起初，她们撩人的舞姿与杰伦的静态处于对抗，但随着音乐高潮的出现，杰伦与她们展开连续的共舞并彼此缠绕，黑色的诱惑最终将白色的矜持俘获并诱惑其沦陷。这个场面表达女性对男性情感的绝对控制，也反向表达男性情欲上的巨大弱点。我们注意到，整个表演几乎都是在粉红色高跟鞋前完成的。粉红色的高跟鞋将男女的情欲世界表现为一场诱惑、一个陷阱、一次巫山云雨的混沌、一种短暂的幻觉或一个错乱的结构，它的巨大象征着诱惑的无穷，粉红色则为黑与白的纠缠制造了缠绵与香甜。与老爷车不同，高跟鞋更具有激发想象力的功能，它的女性意象在设计者的构思中属于一种人格化的道具。粉红色的高跟鞋与黑衣女舞者构成一体，黑色寓意神秘和暴力，而粉红色的柔和与暧昧削弱了暴力，平添了柔情和放浪。高跟鞋之于空的空间是一个极好的视觉隐喻，具有强烈的情绪感染力。

2010 年超时代世界巡回演唱会中《免费教学录影带》歌曲表演时，设计者仅以一把吉他构成舞台中心点，简洁、有效地把摇滚不拘成规、恣意妄为、放浪形骸的特征表现出来。杰伦还利用这把吉他巧妙地演绎了"鼓琴合鸣"。从音乐史上看，摇滚乐起初并不被上流社会所接受，二十世纪五十年代开始，甲壳虫乐队的风潮过后，摇滚乐才在真正意义上成为现代流行音乐的主流。自此以后，在朋克运动的推动下，摇滚对现代文化影响巨大。八九十年代，摇滚乐缔造了乐坛的辉煌，可惜此后，光彩衰落、颓唐毕现，但其巨大的影响力仍然以变化的形态存在于当下各种音乐作品中。摇滚之所以能进入西方主流音乐，与五十年代的青年有很大关系。二战后的这批青年由于生活条件得到极大改善，没有像父辈那样经历战争和苦难，因此在价值观念与生活方式上与父母产生强烈冲突。他们

① 彼得·布鲁克：《空的空间》，中国戏剧出版社，1998年，第12页。

更多关注对个人价值的追求和确立，不愿意走常规之路。摇滚的僭越和不羁迎合了叛逆的青年们，他们借此表达反叛，用激进强调自我存在的意义。与摇滚有着同样的经历，吉他在西方整个音乐发展史中的贡献不如键盘族，很长时间里，吉他都作为一种民族器乐而存在，很难作为单独演奏的乐器而被欣赏，甚至还会被看作廉价粗野的娱乐乐器。但是，与摇滚牵手后，吉他的命运被彻底改变了，吉他成为摇滚乐的主要乐器，具有极强的表现力。

这里，我们就很好理解导演为什么会在《免费教学录影带》歌曲的舞台表演中，用一群身穿校服的学生围绕吉他蹦跳欢舞来表达对摇滚的迷恋与痴狂。这把吉他让我再次感受到设计者对空的空间的利用。周杰伦没有采用常规的手法对吉他进行演绎，而是在鼓琴合鸣中放大反常的吉他演奏，时而鼓声铿锵，时而琴声委婉，以反向手法揭示吉他刚柔并济的个性气质。之所以这样说，是因为"乐器用来用去总是不变，无须对它进行修正或重新评价。但创作戏剧的工具却是有血有肉的，它受到完全不同的法则的支配。在这里，传递信息的工具与信息本身是不可分割的"。① 毫无疑问，鼓琴合鸣的演奏显然是传递信息的工具，两者的个性气质合二为一，并赋予吉他以人性，这是让人难以预见的绝妙创造。更让人惊讶的是，

① 胡妙胜：《阅读空间：舞台空间设计》，上海文艺出版社，2002年，第78页。

与之应和的齐齐击掌声更将神圣与壮观赋予吉他，在澎湃的掌声中，吉他恣意无忌的粗野魔性闪电般地重生为一种神性，它神秘得让人敬畏却不失温暖与活跃。与摇滚乐演奏中狂甩吉他，用简单、有力与直白呈现吉他的魔性不同，设计者在这个舞台调度中巧妙地通过吉他的静态表现摇滚的疯魔，舞台设计为摇滚和吉他确立了新的观感和价值。观众真切地感受到了舞台设计者所要展现的吉他的空间世界和魔性光辉。

### 路径表达

演唱会中的每一首歌曲都可以看作是演唱者对一个故事的诉说，对一种情感的宣泄，对一种思想的表达。演唱者往往通过行动的路径展现内在的情绪和心境，所有展现都在舞台空间构建生成的动作环境中完成。"在动作空间中，路径是指演员在舞台上位移的方向和路线。路径的拓扑学特征是指向性、连续性。"① 路径的指向性具有展现人物观念、心理动态、情势趋向的作用。因此，演员在空间上的位移具有表现人物心理、思想的作用，更有展现内其内心矛盾、思想动荡、情绪混乱的张力效果。那么，空间中的多重路径就构成一个空间序列。演员通过路径构成空间序列的同时，也创造出表演的整个过程，呈现故事的起承转合。

2001 年，周杰伦"Fantasy Show"（范特西）个人演唱会的开场，耀眼恢宏的灯光好似熊熊大火将黑夜照亮，热烈的开场舞曲为一场关于王子征战的故事拉开序幕。这场演唱会的舞台造型呈 T 字形，无形中将舞台的主次与虚实划分出来，并通过一条长达百米的"狭路"制造出视觉上的延伸感。开场时，纵队排列的摩托车沿着 T 形舞台向看台急速行驶。为了强化视觉上的强烈冲击力，更好地维持这种感官效果，斗士们还以纵队的形式演绎了一段长达三分钟整齐划一的机械舞。这里，观众视域中的舞台中心形成了舞蹈表演的特有路线。如果说摩托车阵的横空出世是在为视觉效果制造声势，那么机械舞的演出则企图在动作、节奏、心理上塑造战队"狭路相逢勇者胜"的勇猛之力和角斗之智。从侧面看，本来是自然划分出的主舞台与"狭路"，因为队列的完整呈现，两者之间并不依靠任何架构相连接，也浑然构成一体。T 形舞台不仅创造出战队纵深位移的恢宏气势，更将视觉的中心一再扩大，使人获得极大的感官享受。接下来在《半兽人》《威廉古堡》《最后的战役》《忍者》等歌曲的表演中，表演者总是利用兼具水平感和纵深感的 T 形舞台来呈现战斗的场面。舞台的 T 形设计不但延展出新的平面，而且拓展了传统横向舞台的区域。

2007 年的世界巡回演唱会中，舞台在设计上沿用了 2002 年 T 形舞台的设计理念，只是在 T 台的基础上，添加了几条纵横的路径，构成两横三纵的舞台结构，这样就形成了一长一短、彼此平行的两条横向位移的路径，以及与两条平行的横向路径垂直的三条纵向路径。这样的舞台设计极大地强化了横向和纵向调度的表演模式。《娃娃国娃娃兵》演出的是童年的幻想和趣事，天真活泼的小学生、马戏团的魔术师、洋娃娃、小丑成为舞台上的焦点。演员们由主舞台旁的儿童乐园出发奔跑在纵向的走道上，再经大范围的绕行回到主舞台，给观众天真烂漫的印象。他们快乐的笑容融化了所有观众的心，并且使整个舞台洋溢在一种童真的欢乐之中。演员们以跑跳的步伐表现纯粹的童趣，快乐的奔跑是对观众情绪的带动，也唤醒了潜藏在每一个人心中童真的美梦。因为演员们是围绕观众奔跑的，轻而易举地破除了演员与观众的距离感，营造出一种亲密无间的浓浓爱意。这样的舞台设计带给观众一种奇妙的、亲切的感觉，使他们感受到均衡的、连续不断的、流畅的跳跃节奏。就一般情况而言，在表现奔腾跳跃的时候，舞台设计者更多地喜欢采用不同高度的各种平面，以此造成不同的节奏感。如，2004年在"无与伦比"演唱会中《我的地盘》的歌曲表演中，舞台设计者利用台阶使水平的舞台面分裂为不同高差的空间区域，创造了多层面的表演空间，以表现欢快的场面。相比之下，《娃娃国娃娃兵》这种完全处于一个平面上的奔跑创造出一种无边无际的感觉，也更容易制造嬉闹的大场面。正因如此，舞台设计者在《牛仔很忙》中再次在主舞台上营造这种欢腾嬉闹的气氛，并将跑跳的节奏加重，在绝对的横向调度中完成表演。

在《迷迭香》歌曲的表演中，舞台设计者再次采用类似的方式，在舞台空间中将路径的纵横交错凸现出来，并使之成为空间序列中的主旋律。众所周知，狐步舞的焦点是女性，舞蹈中的女性往往用身体表现自己对欲望和情感的诉说，以此展现女性美。《迷迭香》中的狐步舞成为围绕女性身体展开的关于情与爱之故事的述说。舞蹈的妩媚与妖娆通过纵向的走道由远及近，由迷蒙到清晰，由魂牵梦绕到历历在目，男女舞者的身体和动作本身就构成视觉的隐喻，激发人们奔放的想象力。当观众沉浸于这段爱情大戏的时候，男舞者返回主舞台，十个女舞者继续向面前的横向走道舞动前进。此时，女舞者成为观众关注的焦点，她们的舞蹈从与男人的缠绵中脱身出来，形成了独立的、没有情感牵挂的、具有超越性的美感。她们一字排开的调度具有一种冲击力，创造了一个表现女人独立心理世界的视觉隐喻。如果说之前的男女共舞表现男人情欲中的女性形象，那么跳着狐步舞一字排开的十个女舞者则以群体的形象展现出女人的情欲世界。她们比与男舞伴共舞时更具主动性，也更具诱惑力，她们凌驾于众人之上，让你无法亲近、操控和利用。舞台设计者选择了交叉纵横的百米走道，而其余的舞台背景均淹没在紫罗兰色的光影里。由远及近的路径位移，用抽象的手法表达欲望的降临、欲望的激动人心以及欲望渴求被满足的心理。与垂直线表现不安与激动不同，水平线上的位移传递的是平稳的、与神秘相对的一种简单清楚的欲望信息。这样抽象的路径选择，也暗示了路径上的表征性意义。尽管路径传达的语义信息似乎是纵横交织的盛大，但在紫罗兰色的光影里，在狐步舞的摇曳中，一切都被笼罩在一种浪峰迭起、性感神秘的气氛中。

　　舞台路径在表现上受到空间的很大限制，舞台设计因此集中体现在如何利用有限的空间制造出无限的路径语言，而这也是舞台设计者最需要思考的内容。创造意境的表达是克服舞台空间制约的最为有效的途径。创造意境的最好方式是激发想象，例如，想象可以

① 转引自胡妙胜：
《阅读空间：舞台
空间设计》，上海
文艺出版社，2002
年，第141页。

把狭长的走道变成激烈的战场、爱情的坎坷路。因此，路径才成为表达的一种手段和一种语言。

## 灯光与空间

在现代舞台表演中，光是最重要的造型手段。"没有它的统一力量，我们的眼睛只能察觉物体是什么，而不是它表现什么。什么能给予我们足以打动我们的高度统一性。灯光……灯光，只有灯光。除了其照明一个黑暗的舞台这一次要的功能外，灯光具有极大的造型力量。因为它最不受惯例的制约，所以能以其最有表现力的形式，生动地呈现象世界变化无常的外貌。"① 由于光线具有强度很大的变化范围、色彩众多的表现力、分布变化的可能性及移动性，它往往在移步换景中创造空间的无限可能，对舞台空间具有巨大的造型和装饰的功能，这要比空的空间、路径设计在利用与表达上更具创造性。

光可以制造空间。它可以制造不同的空间区域，或大或小，也可以将舞台逼近或推向无限，甚至可以在有限的空间中创造各种形状轮廓的空间世界。在周杰伦的历次演唱会中，他自己弹奏钢琴并演唱已经成为一个固定的表演单元。钢琴的表演一般都处于整场演唱会的中间阶段，起到调整上半场气氛和孕育下半场情绪的承上启下的作用。值得注意的是，本身钢琴的演奏就与伴奏群体形成区域的分离，而灯光的效果将这种划分变得更加自然，在音乐旋律和演唱中形成对位的统一感，并以众星捧月的钢琴王子形象给歌迷留下情感的想象空间。灯光在运用上往往把追光打在钢琴和人物身上，使钢琴和人物浑然一体，而周围的一切则采用暗色甚至是完全的黑色。这种暗色的应用有意将主体和客体分开，使主体成为全场唯一的发光体、一个活的神话、一个有生命的传说。而暗色的空间在形成分割的同时也制造空间的神秘和时间的静止。这样的虚实划分远远超越了帷幔、幕布、屏风的构型手段。追光不仅创造了空间，而且也制造了发光体的明亮。

灯光除了可以创造空间，还可以形成色彩的意义世界，成为制造、推动故事情节发展的动力或者制造情绪的手段。在 2002 年 "The One" 演唱会上，演绎《双截棍》歌曲时，蓝色、红色、黄色的灯光交替统御整个舞台。红、黄、蓝是三原色，所谓原色就是色彩中不能再分解的基本色，原色可以合成其他的颜色，而其他颜色不能还原出原色。正是因为原色的特性，我们在《双截棍》表演中感受到的是光柱、光屏、光幕创造出的一个色彩分明、正邪分明、爱恨分明的武斗世界。三原色不仅创造了空间,也创造了一种情感的氛围。舞台设计者在《半兽人》中对三原色的使用则有意变形,以红色和蓝色作为背景的主要用色,台上火柱形成自然的黄色,与之前《双截棍》表演在结尾处以火柱喷发加强场面的雄奇、壮观不同,《半兽人》中的火柱短小、时明时暗,光与影,一正一负、一阴一阳,构成明暗交替的两重空间。其中最引人注目的是射灯形成的绿色光晕,它不是凝固在布景、道具上,而是与舞台上的红、黄、蓝色形成一种对抗的姿态,它与半兽人身上的绿色服装呼应,成为代表半兽人邪恶魂灵和持久生命力的象征。由于红色、绿色、蓝色是色光三元色,它们按一定比例混合往往能产生各种光色,我们的彩色电视屏幕就由红、绿、蓝这种发光的颜色小点组成,主要就是利用色光三元色混合的功能,即光线会越加越亮,两两混合会得到更亮的中间色:黄、青、品红(或者叫洋红、红紫)。《半兽人》正是运用了色光三元色的原理,随着人兽之战情节的发展,舞台空间越来越亮,最后呈现为人类胜利的光明结局。在《忍者》《龙拳》《最后的战役》中,舞台设计者仍然专注于对红色、黄色、蓝色、绿色这几种基础色的运用,展现出夺人眼球的喧嚣战况,只不过给每一个故事赋予了一个主色调和一个与其对比的色调。比如《忍者》中的黄色与黑色、《龙拳》

中的红色与黄色、《最后的战役》中的绿色与白色，它们分别形成了警戒、辉煌、肃穆的感情空间，围绕故事中武斗的情节线索创造出令人难忘的神秘、血性、悲伤的环境和气氛。在这些表现战斗的场面中，屏幕上出现的都是光的流动画面，时而斗转星移、时而喷涌四射、时而激越起伏、时而倏忽消失，营造了战争高潮的狂躁气氛。

周杰伦演唱会中，这种对原色、撞击感强的颜色的运用最多的是表现征战的母题，而且是常用常新、创意不断、精彩纷呈。在2004年"无与伦比"演唱会中，《双刀》《双截棍》《龙拳》的串烧表演就创造了三原色的组合，这次组合还创造了"黑色王子"的意象。这种根据故事内在的意义组合起来的色彩神秘莫测又美轮美奂。2007年，世界巡回演唱会开场的《无双》歌曲表演时，红色和黄色的战旗相互掩映，创造了视觉上的张力，而蓝色统御整个舞台，成为贯穿整首歌曲表演色彩的主旋律，并作为主导动机的色彩分布和消长。舞台上的光生成着不同纯度和透明度的蓝色空间，并与舞动的红黄战旗缔造时空关系，从而展示歌曲表演中两方征战称霸的内在意义和蓄势待发的情绪意蕴。2010年世界巡回演唱会开场的《超时代》歌曲表演中，一身白衣的吉他美男子杰伦从天际飘来，衣上的飘絮轻柔似羽。他弹奏着吉他旋转、跳跃、漂移，纯白

① 胡妙胜：《阅读
空间：舞台空间设
计》，上海文艺出
版社，2002年，第
143页。

的安静突然燃烧成狂热的迷恋，火光围绕着他旋转，他似乎也在旋转的火光中越来越快地旋转。紧接着，整场的火柱向天喷发，庆贺杰伦从蓝色的巨蛋中现身。2014年"魔天伦"演唱会在科技动画中揭开面纱，冲锋陷阵的杰伦驾驶着蓝光螺旋飞行器降落在一个城市的废墟上，3D影片衔接到现场，舞者瞬间从舞台弹跳而出。与警报相呼应的是急速而强烈的红色光束，周杰伦身穿红金雕花古铜盔甲战服现身，随着《惊叹号》狂热的音乐奏起，观众激越的情绪瞬间被点燃。

在中国风歌曲的表演中，舞台设计者往往以象征中国的文化元素点缀舞台，进而利用灯光的表现特质来制造空间氛围、抒发感情。阿皮亚将光比作音乐，他认为灯光像音乐一样直接作用于我们的情感。① 2007年世界巡回演唱会中，在表现《千里之外》的送别和相思之情时，舞台设计者在主屏幕的投影上展现出玫瑰被风吹散、纸伞落地随风翻滚的画面。挂着珠翠帘幕的扇子伴着旗袍女子的舞动划着摇曳的线条，呈现出东方女子含蓄的柔情之美。而纯白的羽扇和纯白的人终究要离去，即使柔情刻骨，也挥散不掉离去的愁影。灯笼的红晕是美人的香腮，是红唇的印记，是弥漫的香气，是曾经交颈相吻月夜下的温情片片。这段表演中，红色和白色的灯光促使观众产生兴奋和压抑并置的反应。主屏幕上红光的强烈照射，高浓度的色彩令人兴奋，而白色则明显呈现出消极的情感状态，表现出不安的情绪，但是白色的呈现借助羽扇的柔美，在不安中又增添了温柔和向往之情。

《菊花台》歌曲表演中，灯光在舞台上模拟幽微清冷的月夜场景。月光随人影移动，屏幕上的菊花暗香浮动，月夜中的人一夜惆怅、孤影难安。在这场演出中，设计者使用了三道投影手法。第一道，主屏幕上投射菊花和折扇的图像，折扇反复开合，菊花落英缤纷，形成了不安与感伤的意蕴空间。第二道，围绕舞台边际打出紫罗兰色的光晕，温柔似天鹅绒，好似欲说还羞的矜持，也好似欲罢不能的犹疑，涌动着黯然神伤的情感暗流。最后一道是竖立于舞台上四根青白色中微透粉红光晕、分节似竹的柱子。舞台设计者使用了菊花、月光、香扇、柱子的投影，它们围绕着歌曲中的悲情营造了伤感凄婉的氛围，而屏幕上时而闪现的古装女子忧郁的脸庞和婀娜身姿，营造了情愫绵绵、情意悠悠的女子伤春悲秋的意绪空间。

无论有多少设计理念或者运用多少种设计手法，归根到底，舞台的设计还是要依托舞台的空间，借助道具、服装、色彩、灯光之间的组合，在有限的空间尽可能地构筑幻想或者非幻想的空间世界。演唱会是一场狂欢的 Party,表演者和观众都是参与者，都是表演空间、舞台空间中的主角。因此,演唱会的空间不是表演者、观众、舞台互相对立的存在，而是三者和谐共处的统一体。如此看来，周杰伦的演唱会做到了这样的统一构成：澎湃的掌声在赋予吉他魔性和神性的同时也创造出空的空间中的炫彩和魔幻，纵横的路径在编织梦幻和惊艳的同时也制造出路径语言的童言无忌和神秘莫测，神奇的灯光在点燃激情和制造迷离的同时也缔造了空间中的传奇和神话。但是，这些都不能代表周杰伦演唱会舞台设计最具个人标签的特质。他的演唱会的舞台设计总是试图引起空间的变化，以获得重新被心灵认可的意义。如对吉他作为流行音乐之灵魂的意义，走道赋予生命之路的意义，中国元素彪炳的一种文化大美的意义，从舞台空间设计的现代观点来看，以上这些才是交流的意义，也成为缔造周杰伦舞台音乐的所在。

郑斯扬（《福建论坛》杂志社编辑）

# 周式演唱会

舞蹈的戏剧手法

① 林克欢：《舞台的倾斜》，花城出版社，1987年，第107页。

　　演唱会作为一门综合性的新型舞台艺术形式，借助多元艺术样式承载并传递歌曲的文化内蕴和精神气质。其中，舞蹈作为极具灵动的、富于感染力的表现方式，不但为演唱会的演出现场增添了丰富生动、惊艳炫目的舞台艺术效果，而且为演唱会的生命力开辟新的天地。事实上，"戏剧表演从来也不曾脱离舞蹈的因素，这不仅因为原始戏剧是从原始歌舞脱胎而来的，也不仅因为东方戏剧的表演程式几乎是舞蹈化了的形态动作，而且还因为舞蹈表演常常是戏剧演出的重要组成部分，是烘托气氛、调整节奏的重要手段"。① 舞蹈在演唱会舞台上的意义绝不是博人眼球的噱头或者是扮演附属品的小角色，它为演唱会实现高度凝练、升华的艺术宗旨起到了坚实的支撑作用。这种支撑性表现在加大演唱会娱乐功能、展现演唱主题意义、缔造时尚风潮、引领文化走向等方面。可以说，一场成功的演唱会必然得益于舞蹈的智慧和逻辑，舞蹈可以借助表演者的形体轻而易举地与演唱主题发生联系，使主旨内涵跨越语言的障碍，一跃而进入观众的视觉空间，瞬间完成意义生成，并带领观众进入舞蹈的律动中，从而拆除表演和观看的对立格局，完成观看的行为表演和自我的行为表演的叠加，充分享受并实现演唱会的娱乐功能和价值。

被认为引发华语乐坛风暴的周杰伦演唱会，从 2001 年的
"Fantasy Show"到 2002 年的"The One"、2004 年的"无与伦比"、
2007 年的世界巡回、2010 年的"超时代"、2014 年的"魔天伦"，
一路走来，以其优质的记录，在华人音乐史上，树立起一个艺术魅
力极高的里程碑。如果探寻其中的成功秘诀，舞蹈编演自然成为一
个值得细致分析、深入思考的话题。纵观舞蹈在周杰伦演唱会发展
历程中的阶段性变化，最显在的表现是多元化特征日趋明显，其
中最引人注意的是大胆的实验精神。由于周杰伦演唱会中的音乐
以 R&B 曲风为主旋律，其节奏的跳跃感具有极强的激发性，如何
在这样的曲风中加入舞蹈，特别是能呈现有本土文化内涵特色的舞
蹈？如何在舞蹈中塑造人物并彰显舞蹈的生命意义？如何在一场
演唱会中形成一条贯穿始终的歌舞链，使舞蹈结构与歌曲结构交融
在一起？如何创制一场真正的视听盛宴，赋予歌舞升平的气韵风
姿？此外，如何形成具有周杰伦演唱会标签的舞蹈文化模式？这些
确实是一连串具有挑战性的关于演唱会与舞蹈关系的难题。

德国著名戏剧理论家艾利卡·费舍尔·李希特（Erika Fischer
Licht）指出："行为表演空间永远同时是一个气氛空间……空间性
不仅通过演员和观众对空间的特殊使用而产生，而且还通过这一空

① 艾利卡·费舍尔·李希特:《行为表演美学——关于演出的理论》，华东师范大学出版社，2012年，第167页。

间显示出来的特别气氛而产生。"① 开启演唱会时空经历的开场舞显然具有营造气氛、建立观众在场感的功用。开场舞对演唱会不但具有导奏的功能，还具有为演唱会主题确立显在意义的作用，甚至还作为对整场演唱会面貌的一种概括。因此，开场舞成为我们理解周杰伦演唱会舞蹈智慧的重要内容。从2002年到2014年，周杰伦的五个主题演唱会都以群舞作为开场舞，有效地制造了气势恢宏的艺术效果。2002年的"The One"演唱会中，身穿圣斗士服装的舞者驾驶着摩托战车出场，舞曲采用的是充满浩然正气的《双截棍》，展现舞者舞动的速度与激情，更把其精湛的双截棍技艺展露无疑。急促沸腾的音乐节奏营造紧张刺激的气氛，现代舞的恣意和机械舞的规整，加上男女舞者体态的对比、冲击及金属质地服装的光芒，汇聚成充满骚动情绪的洪流。舞蹈的队形延伸至整个T形舞台，一条位于连接主次舞台的竖线队列，简洁有力。这一行进的竖线以奔跑的速度从主舞台向次舞台挺进，显示一种放射的力量感。周杰伦以坐在王者宝座的形象出现在主舞台上，全部男女舞者的动作严整划一，不仅形成了强劲有力的线性战斗队列，而且形成了"王"与"臣"之"独"与"群"的关系，使王者的至尊地位和统领威严得到强有力的展示和凸显。开场舞的冲击力是一个不断攀升的过

① 刘健, 等:《舞蹈调度的形式陈说》, 上海音乐出版社, 2012 年, 第 111 页。

程, 由最初的呈现经过歌曲的行进、道具的更换、舞台布景的变化向高潮推进, 接着通过与《双截棍》歌曲主题、曲风旋律近似的《半兽人》《忍者》得到延续, 并不断增加王者征战半兽人、忍者勇猛无敌的打斗场面, 从而使几首歌曲在戏剧演绎的贯通中得到诠释, 而正是在这一点上, 演唱会中周杰伦的英雄形象得到成功塑造。这种贯通性的舞蹈设计理念贯穿在周杰伦历届演唱会的开场舞中, 2004 年"无与伦比"演唱会开场舞对生命细腻、忧伤的感悟在《以父之名》《止战之殇》两首歌曲中得到呈现, 尤其在开场群舞中引入的独舞别具特色。"独舞与整个舞台空间的关系就是单一的'点'对'小世界'的身体投影——无论静与动。"① 这段女子持球的独舞, 展现出将生命之魂托起的希望, 而女子在空旷舞台上奔跑的姿态则显示出生命的勃勃生机与无限活力。此后缠绵悱恻的双人舞则力图借爱情的名义向混沌的世界宣战。该场演唱会开场舞的情韵意味在历届演唱会中独树一帜, 它并不是以欢乐和激情引导观众进入歌唱的时空, 而是以深沉、忧伤的情绪带领观众进入思考的维度。2007 年世界巡回演唱会的开场舞则复归到"The One"的设计理念, 宏阔激烈的古代兵将厮杀的场面给人勇者无敌的振奋感, 在盔甲和雉鸡翎的衬托下, 周杰伦的英雄气概和侠义风范得到展现。这样的圣者风采在《黄金甲》《无双》两首歌曲中获得成功演绎。2010年"跨时代"演唱会的开场舞可谓无与伦比，通过4D影像技术，白衣飘飘、手抱吉他的周杰伦从天际顺风而来，好似落在凡尘的王子。紧接着，观众看到了由男女舞者分别构成的舞队，男舞队首先以雕像的造型摆出各种姿势，而后以整齐有力的舞姿表达奋勇的精神。除了使用经典的横线调度和环舞外，舞队更多以三角形舞群呈现手臂的折角式的挥摆，棱角分明的舞蹈动作整齐划一，展示了刚毅、果敢和坚强。导演还别出心裁地在《龙战骑士》歌曲中引入希腊神话美杜莎的故事情节，这段由女舞者表现的群舞既在歌曲的表现之中，又超乎情节之外，具有歌曲之外的存在意义。说其入乎情节之中，不仅因为这段歌舞本身有爱情的故事内容，而且还传达出王子对美杜莎遭遇的同情和惋惜；说其超乎情节之外，在《龙战骑士》《跨时代》长达十分钟的表演中，主要以男舞者刚劲有力的动作构成，容易给人单调的印象，因此，这段美杜莎舞蹈发挥了舞台间离的效果，使整场表演富于层次感。2014年"魔天伦"演唱会伴随着警报声，《惊叹号》点燃了开场舞，并贯穿在《龙拳》的演绎中，舞者队列呈现直线调度中的横线模式，他们配合节奏的停顿原地舞蹈。如果说横贯舞台的横线表现了力量的磅礴和勇士的生命精神，那么融合了中

2016.4.29

国武术武打招式的舞姿则构成横线上彪炳中国人血性的气宇轩昂。可见，开场舞不是为了开场而开场，也远远超越了制造气氛的需要，它具有统领演唱会舞蹈主题、舞蹈风格、舞蹈文化的作用。

周杰伦多选择具有强烈攻击力的 R&B 曲风歌曲作为演唱会的开场舞歌曲，且都是以战争故事作为背景展开。战争并没有带来不安与躁动，反而制造了肩负着扫除黑暗、驱除邪恶、维护和平、传递文明信仰的"宗教情绪"，并作为舞蹈链始终贯穿在周杰伦所有的演唱会之中。值得注意的是，这条一脉相承的舞蹈链是由周杰伦独特的王者人物角色贯穿而成的。以王者的人物身份构筑演唱会主题，有效地使周杰伦的演唱会逐步实现了具有独立品格的形态建构，从而可以不断添加新的故事模式，创造饱满的人物形象，构建复杂的人物关系。举例来说，周杰伦的演唱会对王子爱情故事的演绎绝对是个亮点，不仅因为爱情本身包含的美好与幸福，而且还有独具娱乐功能的王者周杰伦演绎的性感火辣的视听场面。这个舞蹈结构的微观层次同样可以对王者建功立业的主题起到间离效果，并把观众带入深度娱乐的情境中。

演唱会舞台上的周杰伦除了能够创设人物形象和故事情节之外，还能以王者独立品格的形态建构摆脱风格性舞种的限制，开辟

① 慕羽：《中国当代
舞蹈创作与研究——
舞动奇迹三十年》，
中国文联出版社，2009
年，第 270-271 页。

舞蹈的空间。舞评人慕羽在分析二十一世纪初中国舞蹈创作新走向时指出了摆脱风格性舞种的限制的意义和价值：从整体构思角度上讲，摆脱风格性舞种的限制，编导的"形象思维"得到了提升。其一，有利于编导创作视野的拓宽，使编导站在民族文化、中西文化和人类文化的高度来表达自己的文化观念和审美理想；没有过于强调民族意识与民族情结，而更关注人类文化的共通共享和人类的共同命运……其二，依据"形象性格"的要求来靠近或偏离"舞种风格"，在某种程度上奠定了部分编导对于"动作本体"的重新认识。舞蹈动作从"类型风格"出发到主动探求动作形式的"解构"和"变体"，强化了舞者的开放性思维。① 跨越十二年的周杰伦演唱会作为华人音乐史上的力作，生动地演绎了这段理论概括。2002 年"The One"演唱会将中国的鼓乐巧妙地插入《龙拳》这首 R&B 歌曲中，强化了龙拳的狙击力，另外，自由欢腾的舞旗队列和完美的中国功夫，彰显了中华民族"龙的精神"的象征。西方化曲风和中国式舞蹈拼接、组合得天衣无缝，王者的形象在戏剧化的表演中得到了确立，其完满性让人拍案叫绝。"无与伦比"演唱会的《梯田》舞台表演中，十二位穿着台湾少数民族服装的舞者手牵手做缓慢的弧线调度，配合迷蒙幽绵、空灵自然"hoi ya e ya 那鲁湾 /na e na ya hei"的副歌，完成了对主歌 R&B 唱词舞台语汇的补充，与歌曲共同揭示人类对文明的守望。2007 年世界巡回演唱会上，歌曲《千里之外》仅仅借助配有珠帘的伞和白色羽毛的扇便成功突破了对中国古典舞蹈的解构和建构，在"变体"的舞蹈中完成了对民族文化的呈现。2014 年"魔天伦"演唱会上，歌曲《公公偏头痛》以荒诞的手法将僵尸舞表现得滑稽可笑，宫女和公公的夸张舞蹈更是有趣滑稽，顺势将中国的喜剧理念推出。事实上，周杰伦演唱会的舞蹈戏剧手法将一条民族情结的隐线贯穿始终。它潜藏在 R&B 的艺术空间里，为喜爱周杰伦歌曲的人观照中国文化提供了一个独特的视角，让人们在潜移默化中获取民族文化的审美意蕴。更重要的是，这样的艺术处理为现代人体验和感受民族文化及观照民族生命力提供了一个视听维度，并且在相当程度上让现代人获得了强烈的民族认同感。因此，舞蹈的编演以超越民族的方式标明了存在的意义。

从开场舞群舞的设计理念到把中国文化引入舞蹈的编舞概念，从形塑周杰伦王者的身份到以王者的卓绝担当精神赋予舞蹈对生命意义的彰显，从把王者的故事发展为贯穿整场演唱会的舞蹈链到把舞蹈的结构与歌曲结构的完美交融，历经十二年的周杰伦演唱会始终为创制标记周式音乐风格的一场视听盛宴做着不懈努力。其中

① 别林斯基:
《别林斯基选集
（第三卷）》,
上海译文出版社,
1980年,第23页。

的智慧则体现在演唱会导演、编导等对舞台表演中戏剧性的把握和运用中。我们发现，周杰伦演唱会始终行进在王者的故事戏剧性的展演中，一切都围绕故事的发展而展开，因而扩大了演唱会的视听性。别林斯基曾经说过："有的按照形式看来是叙事的作品，却具有戏剧的性质，反之亦然。当戏剧因素渗入叙事作品里的时候，叙事的作品不但丝毫也不丧失其优点，并且还因此而大受裨益。……戏剧因素理所当然地应该渗透到叙事因素中去，并且会提高艺术作品的价值。"① 演唱会的艺术表现虽然不同于戏剧，因为它具有与戏剧艺术迥然不同的时间和空间的特性，但是两者都强调人的舞台表现力，而一旦涉及人物的舞台表现内容必然涉及戏剧性。这不仅是因为戏剧具有表现动作、制造悬念、营造戏剧情境、推动剧情的作用，更重要的是因为戏剧将这些局部连接在一起，并在剧作实践中充分发挥它的作用，从而呈现周杰伦演唱会舞蹈编演总体的完整性和统一性。

郑斯扬（《福建论坛》杂志社编辑）

5

# 影像

## 音乐奇人的
## 银幕

# 作为电影人的周杰伦

周董的电影叙事

　　周杰伦作为一个时代的符号，一个大众流行文化领域的亚洲巨星，对于中国青年人有着重要的影响力。他的名字总是和他的音乐作品紧密联系，而诸如《双截棍》《青花瓷》《菊花台》《牛仔很忙》《十一月的肖邦》——这些歌名，即便对于我这个 60 后的非粉丝，也是张口就来。周杰伦无疑已经奠定了他在流行音乐领域不可动摇的地位。而我在观赏了他执导的两部电影后，郑重其事地将"电影人"冠在他众多的头衔和标签中。

　　其实周杰伦早在 2005 年就"触电"了，他主演了电影《头文字 D》，这么多年下来，他主演或参演了大大小小十几部电影，不知是《头文字 D》影片本身太经典，还是他在这部电影中表演太出彩，这部由他担当主演的处女作，至今也还是他的代表作。十几部电影中，周杰伦饰演的角色从现代跨越到古代，各种身份都有，或许是他本身的气场太强大，或许是电影制作方有意为他量身打造，在这些电影中，我以为周杰伦几乎都在重复塑造着金庸小说中的一类人物：少林寺的扫地僧，即一个不起眼但实际却身怀绝世武功的隐士。应该肯定的是，作为演员的周杰伦虽没有出色的演技，但还算合格，至少内敛不滥情，没有那些甚至科班出身的演员用力过猛而让人心生不适感的表现。拍动作戏也是身段灵活利索，演情感戏时还有几分羞涩，即使不是粉丝，看到银幕上有着大男孩般内心的周董，也会莞尔。但这也可以证明周杰伦尚没有突破自己本色的表演，至今还看不出他能够跳出偶像的框子拓宽戏路的前景，而制片方挑中他，相信也大多奔着他的超高人气和背后庞大的粉丝群体而来。

　　然而，周杰伦在电影领域的开拓并不止步于做演员，他终于执导电影。迄今为止，周杰伦导演了两部电影——《不能说的秘密》（2007）和《天台爱情》（2013），都是他自任主演，而且故事和创意也都来自他本人。电影行业这些年流行跨界风，一些拥有众多粉丝的偶像级作家、演员、主持人、歌手、商人、网络写手等，都纷纷加入导演行业。他们中的许多人跨界跨得风生水起，有的就算对电影的基本运镜和语法都不甚了了，也还是凭借网络的爆炒和粉丝的力挺，获得了令人惊诧的票房。但我并不会将他们都视为电影人，在我看来，"电影人"这个命名必须有个标准，是需要门槛的。周杰伦的两部电影故事设定都远离当下喧嚣、嘈杂的电子时代，也没有炫目的影像冲击，影片中的人物也不刻意经营和借用网络热门词汇，以期制造病毒式营销效应。相比起来，这两部电影有着难得的安静、不迎合的品质，每一帧影像都写着"认真"二字，虽然不乏生涩，却难掩才华火花，且充满着诚意。尤其是他的处女作《不能说的秘密》，整体水准丝毫不亚于一个专业的导演，影片才气充沛、灵感四溢，很让人惊喜。

### 《不能说的秘密》：一个小径分岔花园的故事

《小径分岔的花园》是阿根廷小说家、诗人博尔赫斯于1941年发表的一篇著名小说。这篇小说被誉为后现代主义的代表性作品，小说本身就像一个迷宫，有着难以言说的美感。在小说中，博尔赫斯发明了一种"时间分岔"的叙述方式，他认为，如果时间可以像空间那样在一个个节点上分岔，就会诞生"一张各种时间互相接近、相交或长期不相干的网"，对峙于牛顿的线性时间，在这张网里，人们可以"选中全部选择"。博尔赫斯的小说在二十世纪八十年代经翻译介绍到中国后，许多先锋作家如余华、马原、苏童、格非等深受影响，写了许多具有博尔赫斯的叙事策略和游戏姿态的小说，也就是今天我们所谓的"穿越"小说的雏形，饶有趣味。

近些年，世界影坛上很流行"烧脑洞"的穿越电影，这种所谓的穿越和过去影史宗教意义上的转世或者阴间/阳间、天国/地狱的概念是完全不同的。穿越电影往往基于现代数学和现代物理的高度发展，给人类对宇宙和生命的未知领域孜孜不倦的探索打开了一个全新的视野。穿越电影往往以平行宇宙理论为基础，构筑电影的内核。古希腊的数学家和哲学家毕达哥拉斯认为数学主宰着人类的物质空间和精神空间。现代混沌理论指出，即使是一个简单的数学算式，哪怕在运算中更改一个细微的变数，也可能演变成瀑布一样混乱粗暴的系统。而平行宇宙理论认为，宇宙是由无穷的时间和空间编织的无穷体，你在无穷的时间和空间里有着无限种可能，现实中的你只是无限可能中被你感知到的一种可能而已。你其实正在无限的时间、空间和无限的可能中无限延伸。这就给人类重新阐述生命时空带来全新理念：一个事件不同的过程或一个不同的决定的后续发展是存在于不同的平行宇宙中的。根据这些理论，"虫洞""蝴蝶效应""平行宇宙"等等都成为穿越电影的关键词。

周杰伦《不能说的秘密》就是俗称的"穿越"题材电影。老实说，在观看这部电影之前，我没有看过关于这部影片的任何简介和影评，情节进展到一半，我以为又是寻常的大学生小清新的三角恋青春片，因此后半部的突然转折有点出乎意料，顿时感到影片摇曳生姿起来。就像进入了博尔赫斯的迷宫花园，你开始专注地看周杰伦如何抽丝剥茧地解析谜底，还要打开脑洞，竭力去回忆前半部在哪个时点"花园的小径"已经悄然分岔了，于是影片中所有的桥段都显得意味深长。

影片主人公叶湘伦转学到父亲任教的音乐中学的第一天，就邂逅了同样是钢琴天才的女生路小雨。两人由于对音乐的喜爱和共鸣，产生了朦胧的爱恋。叶湘伦发现小雨十分神秘，常常突然消失一阵子，在课堂和校园里寻觅不到她的踪影。然而，小雨告诉他自己有哮喘病，不能做剧烈运动，甚至不能和异性接吻。叶湘伦以为苹果能治好小雨的病，就每天给她带一个苹果，但她却一连消失了 15 天。叶湘伦要小雨将他们第一天相遇时弹奏的钢琴曲教他，但小雨一直没有答应。直到有一天，叶湘伦告诉小雨，旧琴房要在毕业那天拆除，小雨才郑重其事地将曲子弹奏给他听，但叮嘱他不要在旧琴房那架钢琴上弹奏。小雨因为误会叶湘伦和晴依的关系，不再来学校了。叶湘伦去她家找她，小雨母亲告诉他，小雨生病休学了。就这样，小雨似乎从叶湘伦的生活中消失了。毕业典礼那天，叶湘伦上台弹奏他为小雨写的钢琴曲，抬头看见憔悴的小雨在礼堂门口激动地倾听着，他不顾一切地扔下整个礼堂的听众追小雨出门，但小雨却看见他手腕上戴着晴依借给他能带来好运的紫色丝

带，再次产生误会。遍寻校园找不到小雨的踪影，带着重重疑虑，叶湘伦来到小雨家，进入小雨的房间，却发现这几个月来言笑晏晏和他亲昵相处的小雨，早在二十年前已经离世，至此，影片情节发生重大逆转。事实上，电影从那几个"坏孩子"告诉叶湘伦，在此前的舞会上他和小雨配合无间的和谐"双人舞"在众人眼里却是他自己一个人搂着空气滑稽独舞时，已然从小清新的校园爱情片骤然转成鬼气森然的玄幻片。影片后半部，周杰伦开始逐一解析他前半部设置的一道道机关和埋下的伏笔。一张泛黄的父亲和小雨二十年前的合影，揭开了小雨"不能说的秘密"的谜底。此时，我们终于知晓，这是一部讲述平行宇宙故事的穿越电影。

　　如果多看几部穿越电影，我们会发现对数学的精确性追求和平行宇宙逻辑的强调，是这种电影类型的显著特征。而这些电影中的角色在平行宇宙穿越时，还必须借助"虫洞"，也就是"时空洞"。所谓的"虫洞"，是二十世纪科学家假设的概念，认为人类通过"虫洞"可以做瞬时的空间转移或者时间旅行。这些概念和特征，我们在著名的穿越电影中都可以看到。比如邓肯·琼斯（Duncan Jones）的《源代码》、埃里克·布雷斯（Eric Bress)的《蝴蝶效应》、克里斯托弗·诺兰（Christopher Nolan)的几部科幻大片《盗梦空间》

《星际穿越》等等。事实上，依托现代数学和现代物理学理论和概念来建构情节，正是穿越电影的魅力所在。因为观众也是完全依据这些概念对电影进行孜孜不倦、大烧脑洞的对比、猜想、求证、剖析等，充满了游戏的趣味；同时这些理论又只停留在假设阶段，并没有在现实中给予证明，这就有着似是而非的玄妙感，凭空给电影增添了很多魅惑和神秘。

　　《不能说的秘密》里，小雨偶然发现的含有秘密的琴谱，就是她穿梭于两个平行时空的"虫洞"，琴谱开端写着一句话，是穿越的密码："跟随音符踏上旅程，第一眼就决定了缘分，当旅程走到了末路时，回路藏在急速音律里。"依循这个密码，小雨在相隔二十年的两个平行时空中来回穿越。最后在旧琴房要倒塌的瞬间，叶湘伦也弹奏着这段隐藏着密码的旋律，穿越回二十年前的时空找到小雨。电影中对于来回穿越设置了严格的数字精确度，比如，每一次小雨穿越到二十年后找叶湘伦，都要对应着二十年前的同一天；为了第一眼看到的人是叶湘伦，小雨要闭着眼数琴房到教室的步子，不多不少是一百零八步，而就算这样，她每次睁开眼看到的第一个人也未必一定是叶湘伦，这就发生了叶湘伦有时好多天都找不到她的情况。最后，叶湘伦破解了小雨的所有秘密后，奋不顾身地要穿越到二十年前的时空去与小雨相聚，但他弹奏钢琴的速度太快，因此时间轴发生了向前的位移，他穿越到了与小雨相识的数月前。小雨见到倏然出现的叶湘伦，并不认识他，于是，之前发生的一切事件重新改写——小雨不会因为误会伤心而死了。而琴房已经拆除，"虫洞"遭到破坏，叶湘伦永远回不到二十年后，只能留在小雨的时空中，最后的毕业照上，两人挨在一起幸福地相视，说明两人的相爱依旧发生了。

　　法国诗人阿尔蒂尔·兰波（Arthur Rimbaud）有句话说："世界太老，话已被人说尽。"拍摄过《新桥恋人》的法国导演莱奥·卡拉克斯(Leos Carax)也感慨道："我们无法选择自己将要拍什么样的电影……一切都被拍摄过了，演出过了！"确实，各种手段和技法都被人用过了，虽然穿越电影类型流行的时间不算很长，我们也能在周杰伦导演的第一部电影作品中看到许多著名电影的影子。比如，影片前半部分制造假象，后半部解析，这样的布局，会让我们联想到大卫·林奇( David Lynch )的著名悬疑片《穆赫兰道》的结构；影片中的斗琴桥段，更是一看就知道借鉴自电影《海上钢琴师》；而时空对应的穿越及琴谱中夹着的画像，也有韩国著名的穿越电影《触不到的恋人》的痕迹，等等。作为一个跨界电影导演的处女作，

《不能说的秘密》在情节的铺排和某些伏笔的设置上，也难免有生涩之处。比如，电影后半部几乎都在解析前半部埋下的伏笔，这让影片稍显笨拙。《穆赫兰道》虽然后半部解答了前半部设置的悬疑，但是前后半部都可以看成是一个完整的、意味十足的故事。假设《不能说的秘密》前半部设置机关伏笔时，多留下一些别出心裁的标记，后半部则不需要一一闪回解答，同时也能给观众留下悬念，增加影片的张力。比如，小雨从二十年前穿越而来，为什么校服和二十年后的完全相同？难道二十年中这个学校的校服没有发生变化吗？假如有这个细节的强调，会给观众带来一些疑惑，增加情节的悬念。叶湘伦和小雨在舞场跳舞时，应该让周围的人表现出看到他起劲独舞的怪异感觉，而不是后面再来回放。那句"下回没有舞伴找我啊"的台词如果在前半部就抖出来，可以给影片铺垫诡异气氛。凡此种种，后面的转折才不会显得很突兀，而前半部留下的疑虑，观众自然在此时一一拆解。至于周杰伦引以为傲的斗琴桥段，前面没有铺垫，观众并不知道为什么叶湘伦非常想赢得胜利，也不知道作为奖品的琴谱《天鹅》对小雨有何意义。因而，对于这一桥段，我只好将之视作周杰伦单纯的钢琴炫技。

好的穿越电影从来就不仅仅流于表层的"穿越"场面和戏剧性，

人类对"穿越"的梦想和孜孜不倦的探索，包含着对生命的追问和哲思。在人生的旅程中，人们面对不可逆转的时间和命运有着无限的慨叹，回到过去，给自己的生命重新设定，从而改变未来，是人类苦苦追寻的梦想。《不能说的秘密》就算有不少槽点或者留下了借鉴一些著名电影的蛛丝马迹，但我还是要说，这是一部可圈可点、才气沛然，并打上周杰伦独特印记的好电影。

### 少年情怀总是诗

《不能说的秘密》是一部青春题材的穿越片，或者也可以说是以穿越为外壳的青春片；而周杰伦又是一个偶像级的巨星，因此，以时下流行文化和电视剧的概念来定义，这部电影也可以被认为是一部青春偶像剧。2007 年，周杰伦在接受媒体采访时说到，他这部电影就是要拍"一场轰轰烈烈的爱情"，"圆一个精彩的初恋梦"。因此，这部电影可以视作周杰伦写给青春的一首缠绵又优雅的诗，是他对逝去的岁月的一次凝眸和回望。

对于我这样的非粉丝来说，如果没有看过周杰伦的电影，他给我的印象是酷酷的、拽拽的，可是两部电影看下来，才发现这样一个耀眼光环下的巨星，其实有一颗很羞涩的大男孩内心，而且浪漫得无边无际。在《不能说的秘密》中，周杰伦借用他的两个主角，大肆地铺排、挥洒着他的柔情和浪漫，于是我们看到了一幕幕甜美又清新的恋爱情景：

古雅的老琴房，钢琴键上两双灵巧的手交缠着奏出醉人的乐曲；

轻快的节奏中，少女细腰款摆在少年面前舞动；

爬满青藤和牵牛花的老墙旁，蜿蜒着细长的小路，自行车后座上，少女羞涩地将手轻轻搭在骑车少年的肩上，一些无意义的恋人絮语一路洒落："你最喜欢的钢琴家是哪个？""都喜欢啊！""那你喜欢下雨还是晴天？""都喜欢啊！"

听说苹果能治哮喘，少年每天认真地给少女带一颗红苹果，整整攒了十五颗，圆滚滚地塞满教室的抽屉；

老式的音像店里，羞涩的少年将耳机给少女戴上，让自己的心声通过一首老歌倾吐，于是深情的女中音如缓缓流动的河流溢满了银幕——

为什么要对你掉眼泪？

难道你不明白是为了爱

只有那有情人眼泪最珍贵

一颗颗眼泪都是爱

　　这真是"思无邪"的年代啊，令人油然心向往之！小雨误会叶湘伦和晴依的关系后，负气穿越回去，长久没有音信，影片以一些交代性的场景表现叶湘伦的情伤，寥寥几笔，却很令人惊叹周杰伦的表达功力：几次寻找小雨未果后，叶湘伦只好放弃。银幕上以"五个月后"的字样，交代时间的流逝。相思的人了无踪影，日子还得继续。五个月后，叶湘伦似乎已经走出伤感，没有刻意拒绝晴依的接近。蜿蜒的小道上，自行车后座上的人换成了晴依，一样将双手羞怯地搭在叶湘伦的肩上，而叶湘伦则是满脸的落寞。一个白云悠悠的空镜头，跳接到下一个镜头，暗黄的光影中，叶湘伦骑车在通往湖边的小道上疾驰，荒草中竖立的几架风车缓缓转动，一种苍狗白云的沧桑和荒芜感跃然而生。这种不动声色的伤感，有着沁入寒意的岁月风尘。我不知道一个这么早成名的偶像，怎么会有这样的人生体悟。

　　不知道别人的感受怎样，看这部电影时，我无端地联想到《红

楼梦》中的人物，不由得对号入座起来。叶湘伦恰似多情温柔的宝玉，而小雨的聪颖才思、多疑性格及柔弱身体像极了林黛玉，而另一个少女晴依，贴心、温和、大度，又好比宝钗。而小雨最后拼尽生命写下"我是小雨，我爱你"的字样，和林黛玉的临终呼唤又是那么的相类。当然，这样的比喻也许有些牵强，但这部电影无论是影像的营造、人物情感的刻画，都十分的古典和雅致，从中我们可以窥探周杰伦的审美世界，那就是一种浓烈的诗情，因为诗总是指向过去的。

而有人对叶湘伦最后在即将倒塌的琴房中，不顾一切地穿越去找小雨的结局，觉得有种伦理上的不适感，因为这个结局对影片中的父亲而言是残忍的。电影中没有叶湘伦母亲的线索，家中也没有看到他母亲的丝毫痕迹，甚至连照片都没有。可以肯定，叶湘伦生长于一个单亲家庭，他和父亲相依为命地生活着。身为学校教导主任的叶父总是对叶湘伦说，我只有你这么一个儿子。因此，影片最后，他眼睁睁地看着宝贝儿子"葬身"于崩塌的琴房中，确实是十分悲惨的。但纵观整部电影，我又觉得不能仅仅把这部电影单纯地看作是一部讲述爱情的青春片，我更愿意将这部电影解读为基耶斯洛夫斯基式的《两生花》（又名《维罗尼卡的双重生命》）的主题：

F
I
L
M

一个人寻找理想自我的孤寂旅程。

根据"电影作者"理论，我们在解读一个文本时，要结合导演的生平际遇、艺术修养和知识构成进行研究考察，这样才更接近电影表达的真实。《不能说的秘密》中，周杰伦不仅自导自演，还是编剧之一。他曾说影片是对自己学生时代生活的纪念。影片中，小雨穿越而来的年代被设定为1979年，正是周杰伦出生的那一年，再结合影片男主人公和周杰伦各方面的相似度，我们可以认为这部电影几乎是周杰伦为自己量身打造的影片。

细究影片中叶湘伦和小雨的相爱，我们可以发现，他们两人的爱情不仅是青春萌动的情感，更是知音之间的相惜。叶湘伦第一天转学到音乐学校，晴依引导他参观校园，但他很快被似隐似现的一缕优美神秘的钢琴声吸引，循着琴声，这才邂逅了小雨，而小雨也惊喜于这"第一眼就决定的缘分"。他们两人经常待的旧琴房，墙上贴着肖邦和乔治桑的斑驳老照片。大家都知道，钢琴诗人肖邦是周杰伦最喜爱的钢琴家，他的一张专辑以"肖邦"命名。而肖邦和乔治桑是"灵魂伴侣"，因为爱情的滋润，肖邦在那个时期创作了许多传世的作品。影片中，叶湘伦和小雨时常望着墙上的照片慨叹。叶湘伦感慨地说："他们最后还是分开了。"而小雨却反驳："至少

也在一起十年时光。"隔着二十年的时空穿越而来，小雨自知这是一道无法逾越的命运横梁，所以只求享受眼下的温柔时光。她时常对叶湘伦叹息着说："我能遇见你就是一件不可思议的事了。"

精神分析学家拉康的"镜像"理论曾这样描述人类对理想自我的追寻起因，他认为人在六到十八个月阶段的生命经验是一生中最重要的，孩子被人抱到镜子前，从无法辨识镜子中自己的懵懂，到认出自己后的狂喜，因为那是和自我体验完全不同的完整丰饶的生命形象。"我"和镜中的"他"，构成了某种关于理想自我的想象。因此，孩子从这时开始到长大成人，可能一生都在追逐和渴望到达理想自我的高度，而厌弃自我的现实生存。周杰伦作为内心情感丰富、事业追求到达相当高度的音乐人，他对理想自我的追求远较一般人更为强烈。因此，他的电影作品在表现爱情时，其实也暗含着对于理想自我的追寻。因为关于爱情，我们认可这样一个事实，那就是："你在那风华绝代的万千人中，偏偏特别喜欢的那个人，应该是有一半像你自己，另一半像你今生无法实现的理想。"

回到《不能说的秘密》，这部电影围绕着小雨设置叙事编码，换句话说，这部电影讲述的故事就是叶湘伦探寻小雨秘密和追逐小雨的过程。观众和叶湘伦一样，急于想揭开小雨的谜底，小雨才是牵引叙事的动力和方向。电影中叶湘伦对小雨的追寻，可以解读为周杰伦对心目中理想自我的追寻。影片最后，在即将被巨大的铁球辗压摧毁的琴房中，叶湘伦流着鲜血不顾一切地用全部的生命力量来弹奏的乐曲，其实是一首灵魂的颂歌，而在琴房轰然倒塌的那一刻，他像凤凰一样的涅槃了。

周杰伦的《不能说的秘密》为我们书写了一个别致的故事，并宣示和完满了他的自我铭文。

李清（中国艺术研究院电影研究所研究员）

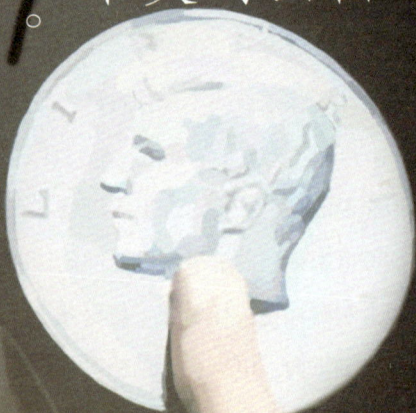

6

MUSIC VIDEO

声画

流动的音符
唯美的画面

# 周杰伦音乐电视中的
# 文化模式

　　在中国流行乐坛，周杰伦除了积极缔造"中国风"之外，还颇具创意地引入"周式幽默""周式情歌"的概念，尤其通过音乐、歌曲结构上流动的视觉形式——MV（音乐电视），呈现歌曲画面的审美感，从音乐视觉的角度向观众提供解读其歌曲文化意涵之新的可能。毫无疑问，周杰伦对中国风在流行音乐的呈现方面所迸发的智慧是有目共睹的。此前，张雨生的《后窗》、S.H.E 的《BELIEF》《长相思》《十面埋伏》等歌曲已经尝试了中国风和 R&B 的结合，可不免还是显得生涩，辨识度不够高，且听众的反响并不是很理想。王力宏一系列的中国风歌曲，如《美丽新世界》《龙的传人》《在梅边》等，可以说做到了将东方音乐精神与西方音乐形式融为一体。但是直到周杰伦，中国古典诗词的韵律、格调、气韵、风骨才算得上以完整的形式进入流行歌曲之中，从而使中国音乐与西方音乐在崭新的层面上实现了对话和交流。周杰伦还奇思妙想出不少幽默的梗，成了独特的"周式幽默"，并成功运用到 MV 中。此外，很多热血青春的赞歌都成为周杰伦对青春的诠释，也成为他对正值青春的年轻人的激励和鞭策，尤其在幽默和战争题材的歌曲中，存在明确的积极正义的道德指向。这是一个音乐人的良苦用心，更是一位艺术家的时代担当和道义精神。

## 雅韵中国风

　　周杰伦典型的中国风歌曲的 MV 最显著的特征是采用爱情宿命
的主题引发人们内心对爱恨情仇的思考，从而把中国传统离愁别绪
的悲剧意蕴巧妙地传达出来。《东风破》重现民国时期一对恋人的
甜蜜生活片段及女主角饱受离别后相思之苦的幽怨之情。叙述者以
回溯的形式揭示出这则故事的久远历史，构成讲述与被讲述之间的
时空距离，形成古今交替、时空交错的感觉。该歌曲 MV 导演邝盛
以徐志摩广为流传的爱情经历为故事蓝本，以浪漫唯美的设色方式
小心翼翼地托出一出"风流才子负心汉"的戏。画面不断地在泼墨
式的红与黑的色彩空间转换，红色的暖意、甜蜜渐渐消失（化出）
的同时，黑色的冷漠、萧索渐渐显现（化入），两者显隐的时间相
等，有时在画面上呈现一个短时间重叠。这样以交融的方式构筑的
甜蜜与苦涩、快乐与悲伤、繁盛与荒芜之间的交替、衔接，既含蓄
委婉又留有回忆联想的丰富空间。所有的时空交错都发生在坚实而
气派的家宅之中，家宅显然是一种现实性的存在，而在此发生的种
种爱恨情仇则以一种非现实性渗入回忆的现实性中，这些回忆点燃
温情，也引入残忍。落英缤纷的庭院、笔墨有序的案几，还有八仙

桌旁、帷幔温床上的痴缠眷恋，不过都是感情迷失的地点，家宅失去爱意，所剩下的只有望眼欲穿的等待和凄楚无奈的喟叹。

与《东风破》相似，《发如雪》的 MV 也有意采取古今交替、时空交错的表现方式。为配合歌曲的中国风意韵，导演周杰伦将故事设置在遥远的古代，更增加了歌曲表达的时间感怀和神秘意味。周杰伦捕捉到爱情之间的情感冲突，并让我们感受到女人之于爱情的飞蛾扑火和男人之于爱情的意乱情迷。《发如雪》编织了一个古今紧密相连的爱情故事，似乎用宿命的轮回暗示爱情的无限延展。导演利用镜头的淡入淡出将同一个故事放入古今两个世界，并用情感迷思将我们带入当下，伴随的生死悲情突然之间因为空间的改变而中断。线性的故事被打断，情感的悬念似乎终结，但却创造了爱情叙事的间隙，引发观众以新的视角重新看待爱情。它非常纯粹，没有任何阴谋和悬念，但却不免让人唏嘘喟叹。古之桃花红与梨花白之间的争夺与嫉妒，今日不过是擦肩而过、无缘再见的迷迭香。周杰伦似乎抛出一个历久弥新的问题，问世间情为何物？对于男人而言，他们究竟更爱桃花红还是梨花白呢？张爱玲说得好，也许每一个男子全都有过这样的两个女人，至少两个。"娶了红玫瑰，久而久之，红玫瑰就变成了墙上的一抹蚊子血，白玫瑰还是'床前明月光'；娶了白玫瑰，白玫瑰就是衣服上的一粒饭渣子，红的还是心口上的一颗朱砂痣。"这也许是男人心中千古不变的感情定律，但却让世间多少痴情女子青丝染霜、肝肠寸断。

与上两支 MV 相比，《千里之外》则塑造了一个有情有义的男人形象。这段在歌剧院展开的美丽恋情，最终却如戏剧谢幕般消失。小歌女和小跑堂隐秘的爱情经由宿命中的人生而毁灭。在小歌女心中，舞台的辉煌抵不过爱人肩头的一次依偎；而在小跑堂心中，舞台的绚烂是小歌女命运的成就和转机。三年后，小歌女变成歌舞皇后，小跑堂依旧是小跑堂，爱情的机缘最终遗失在两种身份的距离之中，无影无踪。导演将一个有关"千里之外"的故事聚集在方寸的舞台之上，聚集到一个表演的场所内。本应该成就爱情的舞台，却成为决断爱情的沟壑和悬崖。方寸之地的戏剧舞台就这样戏剧般地隔断所有的难以忘怀。过去、现在和将来在这里汇聚，却找不到感情的湿地。爱与被爱的牺牲与成就照进了梦想和现实的光芒，却又无法让爱温暖。因为，这里面有男人和女人对于爱情的不同理解，对于男人而言，个人成就才是爱情的栖息地；而对于女人而言，拥有爱情的栖息地才是最高的个人成就。整支 MV 朦胧怀旧、伤感重重，导演有意将故事安置在二十世纪三十年代夜上海的背景中，高又旗袍、古董蕾丝、荷叶衬衫、迷你洋裙，掩映如画的场面缤纷炫目，但陶醉的只是瞬间，离席散场之后都找不到回忆的位置。而"情深何在 / 生死难猜"的爱情却坚固且真实，真实到触目不免疼痛的地步。费玉清清丽的唱腔赋予了这支 MV 明亮、丰富、圆润的感觉，似乎是一次讲述，似乎是一声哀叹，似乎是意味深长的遥想，又似乎是怀有希望的祝福。

《菊花台》收录在周杰伦 2006 年发行的专辑《依然范特西》中，同时也是电影《满城尽带黄金甲》的片尾曲。MV 由周杰伦亲自担任编剧和导演，他透露自己导演的思路是向电影导演张艺谋致敬。在拍电影《满城尽带黄金甲》时，周杰伦抓住机会向张艺谋学了很多东西，因为很少有机会可以站在大导演的旁边看他在每一个环节是怎样工作的。张艺谋很大方，没有遮遮掩掩地不给周杰伦看。我认为，在周杰伦所有中国风的 MV 中，这支绝对气势恢宏、霸气外露，仅就菊花的场景来看，便是前无古人的大制作。MV 有意避免对《满城尽带黄金甲》中感情戏做重复演绎，转而从金戈铁马、万人征战的战乱场面呈现朝廷各方为权力、情欲展开明争暗斗而付出的惨痛代价。到底谁是这起战乱的制造者？ MV 淡化了电影中绝望的悲怆情绪与嗜血的复仇意识，将凄楚哀怜的气氛、物是人非的慨叹深深植入歌曲中，这在很大程度上舒缓了观众郁积于胸的对于这段爱情虐恋的悲情感。雕花篦、菊花、古筝、屏风、丰满佳丽、镜花水月，连同破碎飞溅的玉碗，灰飞烟灭。梅尧臣《残菊》诗云："零落黄金蕊，虽枯不改香。深丛隐孤秀，犹得奉清觞。"即便如此，残花满地依旧随风飘散，落英缤纷又能怎样？终究还是落得自己残伤。这支 MV 最具震撼力的地方，是周杰伦扮演的王子为助母篡权争霸而浴血奋战的场景。最终，在一片冲天林立的金枪银剑中，王子仰面纵身坠入其中。这种暴力的诗意呈现弥散着导演内心深处对女人的同情与哀怜，同时也将忠孝仁爱思想彰显得淋漓尽致，体现出周杰伦 MV 的艺术审美高度。

与《发如雪》一样，《青花瓷》的 MV 采用的表达方式也是古今路径，只是将宿命的轮回表现得更加具体而深刻。似乎为了呼应之前的《发如雪》，《青花瓷》一样有着前世今生的感情纠葛，连女主角也刻意找来当初担任《发如雪》MV 女主角的夏如芝。《青花瓷》MV 中陈楚河扮演的大侠因为心爱的女人被掳走，必须拿稀世珍宝青花瓷去交换，没想到坏人在拿到青花瓷之后还是杀死了陈楚河的女人。时空流转到了现代的古董拍卖场，夏如芝饰演大哥的女人在拍卖场上标下了流传久远的青花瓷，还邂逅了陈楚河。然而，私下

釉色渲染仕女图韻
而妳嫣然的一笑如

未被私藏
含苞待放

幽会的代价却酝酿出又一场悲剧。谁说"死后原知万事空"？爱情轮回却是生死壮阔、往复循环，这其实正是爱情广阔性的一种明证。也正因此，爱情和梦想一样体态丰盈、曼妙灵动，成为千古不衰的话题。然而，爱情还有另外一个维度，那就是让人驻足、也让人孤独的悲情。尤其当这种悲情遭遇一种无法抗拒、无法摆脱的强大黑暗力量的时候，就是悲剧。《青花瓷》MV中连续出现的画面闪回，在撞击着观众心灵的同时，更将一种命定的逻辑展演在观众面前。

不同于《东风破》的离愁、《菊花台》的悲怆、《青花瓷》的凄美，《兰亭序》和《红尘客栈》的MV多了沧桑和无奈。陈淑桦曾有一曲《笑红尘》，意在笑谈痴情人生的无奈与苍凉，不如放下红尘，做一个逍遥的人生游客。可是到头来，世间又有几人能放下名誉、金钱、权力、情爱的追逐，做一个自由洒脱的人呢？无论是《兰亭序》中的情生武馆、情绝武馆，还是《红尘客栈》中的缘起客栈、缘灭客栈，导演意在说明被爱情激发并征服的人，会因为爱而去冒险，甚至付出生命的代价。这其中，一种深沉的悲伤扑面而来。导演通过在武馆和客栈中发生的爱情故事，表现了生活常态下爱情的崇高。爱情不是豪迈的誓言，也不是动人的承诺，在凡俗的生活常态中，它成为人们期待实现的幻想，成为人们现实人生的理想，成为人们生命中的崇高追求。正是因为情感上的生死纠葛，爱情才为人们津津乐道，种种爱情故事才感天动地。

在我看来，周杰伦中国风歌曲中最悲情的要数《烟花易冷》了。在创作这支歌曲的 MV 时，导演却演绎了一个与杰伦创作歌曲时所表达的不同的爱情故事。在 MV 中，失明的公子只能以触觉体味爱情，但触觉的模糊记忆使他在视力恢复后无法确认自己的感情判断。然而，在一次寻找书的过程中，公子猛然意识到，在他失明的日子里，真正不离不弃、无微不至照顾他的并非婚配的妻子，而是妻子身边的丫鬟。在 MV 的最后一幕，公子冲进丫鬟的房间纵情地将她揽入怀中，而站在门外的妻子泪流满面地目睹了这一切。隐藏的矛盾冲突被释放，公子和丫鬟之间的爱情得到强化，而妻子的悲剧命运便以委婉的方式表达出来。只有通过对真情的阻隔和侵犯，甚至有时以死亡来逼迫，相爱者的形象才能更好地呈现出来。在这个过程中，真爱赋予生命新的价值和意义。

由方文山执导拍摄的《天涯过客》是他继《兰亭序》MV 之后，再度拍摄的中国风 MV，取景点是浙江西塘。为捕捉西塘美景，方文山团队甚至出动了航拍摄影机。剧情的背景是古镇正在举办与汉服有关的节庆，邱凯伟饰演的摄影师在庆祝的人群中穿梭捕捉活动的精彩画面，意外拍到一位让他心动的女孩。女孩是途经于此写生的画家，当她发现摄影师后也不由自主地用画笔描画起了他，两人邂逅在这诗意的西塘古镇。美丽的邂逅并没有成全二人的爱情故事，最终还是以离别作结，"琴弦断了 / 缘尽了 / 你也走了 / 爱恨起落 / 故事经过 / 只留下我 / 几番离愁 / 世事参透 / 都入酒 / 问你是否 / 心不在这少了什么……"与上文提及的 MV 相比，《天涯过客》的故事编排和审美意蕴最具有浪漫情怀和诗意空间。男女主人公分别以摄影和绘画两种方式邂逅彼此。摄影是剪辑的艺术，它是一种从繁到简的艺术设计创意。世界的繁茂与多彩，经由摄影师的筛选和甄别，通过唯美的一拍定格成像，这是一种减法的形式；而绘画是一种从无到有的艺术，画纸上本是空空如也，经由画家描摹和涂抹，创作出空间和时间的维度，这是一种加法的形式。无论是加法还是减法，二者都是创作美的一种方式，但是落实到这支 MV 的爱情中，则寓意二人彼此相反的恋爱方式，似乎这段爱情注定要落空。在摄影与绘画的不同方式中，他们看见自己在彼此眼中的美丽，也感受到彼此的心心相印，仿佛是一首诗歌，让观众感受到诗的力量在生活中的涌起和跳跃。导演将散布于生活中的爱情矛盾以摄影和绘画的加减方式温情地表达出来，同时将观众带入对爱情的无尽思考之中。

在这些中国风的 MV 中，人物造型、场景造型都具有中国风韵。无论是梅花纹纱旗袍还是绢纱金丝绣花长裙，无论是菊纹上裳还是百褶如意长裙，无论是流彩暗花云锦宫装还是金银丝鸾鸟朝凤绣纹朝服，无论是云雁细锦衣还是弹花暗纹锦服，无论是古纹双蝶云形千水裙还是白玉兰散花纱衣，都呈现出中国传统美人的袅袅玉姿。在布景方面，导演也多选择风景俏丽的江南，重檐斗拱、攒顶高耸、屋檐飞翘、华丽庄严，亭台楼阁、水榭歌台、织锦屏风、古色花片等，更以细节彰显中国古代建筑装饰艺术的细腻俏丽。值得一提的是，在《天涯过客》MV 中，华丽庄重的汉服和古镇西塘交相辉映，自然山水、建筑风貌、服装造型、人物情态自然和谐，呈现出中国传统文化的繁盛与博大。事实上，周杰伦这些中国风歌曲的 MV 都可以被当作传递中国传统文化的宣传片。他在流行歌曲中召唤中国古诗词的节奏和韵律，在承续与传播中国传统文化方面起着积极的作用。

## 喜剧笑人生

周杰伦的 MV 作品中时常出现喜剧故事或者喜剧元素，这些喜剧都属于欢乐喜剧，强调人的价值，往往积极、正面地表现生活，歌颂人的美德、才智、自信，比如大家熟悉的《阳光宅男》《牛仔很忙》《流浪诗人》《乔克叔叔》《嘻哈空姐》等。这些歌曲都有暖暖阳光类的曲风，赞美生活的美好、人情的单纯和简单的生活态度。阳光宅男、忙碌牛仔、嘻哈空姐都是令人感动、开心的人物，他们以单纯的姿态表现自己的生活态度。这类 MV 作品中的演员几乎都是本色出演，"阳光宅男"本就是一个音乐助理，而周杰伦果然很忙，空姐也有性感的一面。这些 MV 对于周杰伦音乐整体的发展，尤其对于歌曲所表现的音乐态度，使它们处于音乐传统之中并且表现出难能可贵的轻松和自然，这些都使周杰伦的此类音乐从边缘到中心的转型成为可能。它们承载着阳光的心态和治愈的功效。

《阳光宅男》MV 由周杰伦执导。呆萌内向的宅男是一个制作助理，他深深暗恋着一个女明星，每天窝在自己的房间里对着女明星的海报和照片看书、听音乐，却从没有表白的勇气。一次，他无意间在电脑上看到周杰伦的打扮而受到激励，开始学习周杰伦的动作与打扮，锻炼自己的体态，尝试玩吉他弹奏摇滚乐。没想到好运从此开启。一次，女明星为了躲开讨厌的经纪人，阴错阳差地与宅男同上一台车，女明星要他开车躲开经纪人，汽车直奔海边。宅男

实现了与女明星独处的愿望。

《牛仔很忙》走简洁、流畅的美式乡村风格复古路线，这是周杰伦之前专辑中没有出现过的曲风。MV一开场，在动画的背景下，戴着牛仔帽的周杰伦摇头晃脑地开着一辆银色的敞篷车亮相。"我是一个牛仔/在酒吧只点牛奶/为什么不喝啤酒/因为啤酒伤身体……"在吧台边上，周董如喝酒一般喝牛奶，还对着镜头抛媚眼。歌曲以第一人称的角度，以"牛仔很忙"道出年轻一代四处开疆拓土、打拼冲锋的心声。不过，这个牛仔可不是西部片中深沉老练的传统形象，而是更为活泼、率真、亲切的"新生代牛仔"。这是一部非常高级的浪漫喜剧，明显区别于低级的棍棒戏剧。周杰伦在一个场景中迈着轻快的步子弹奏吉他，在另一个场景又帅帅地喝着牛奶，在第三个场景中则和酒吧小妹打趣，以自己的率性而为表现对酒吧小妹的追求，没有放肆地利用身体制造搞笑闹剧。

与《牛仔很忙》相比，《水手怕水》也采用动画开场，黑白色和人物的滑稽表演有着明显向卓别林致敬的意味。MV采用充满创意的幽默与KUSO的元素，除了巨型轮船的外形，不计成本搭设的船舱卧铺、走道、吧台都真实呈现，不仅场景壮观，细节也很别致，花了两天的时间拍摄。MV中有许多奇幻想象，处处可见周杰伦童心未泯的一面。MV 启用模仿新秀小虾饰演喜感十足的水手战友，助理大妮穿着特制的鲨鱼装变身为在船边伺机而动的大白鲨。当小虾发现大白鲨时，紧张地抱紧周杰伦的表情令人喷饭，而周杰伦脸上的表情也是十分生动。与《牛仔很忙》相比，二者的曲风、MV 的形式都很相似。但是就编剧而言，《牛仔很忙》更显乡村浪漫，而《水手怕水》则更具疯癫戏剧的效果。

《嘻哈空姐》的 MV 由邝盛执导，为配合 MV 拍摄还特意搭建了具未来感的座舱的场景。这支 MV 拍摄成本达 130 万新台币。周杰伦在 MV 中着一身制服装扮出镜，扮演"嘻哈机长"，嫩模扮演空姐。空姐对"嘻哈机长"进行热舞挑逗式贴身安全检查，机长则坐怀不乱。拍摄现场有工作人员开玩笑表示，如果真有这么一家嘻哈航空公司，航班一定次次满座。这支 MV 中有较多性幻想的情节，空姐的性感张扬、多变的诱惑动作、与机长的大尺度互动，都意在释放人们内心因压力造成的紧张和不安。在喜剧中呈现性感，是性喜剧的标志。我们熟知的性喜剧著名导演比利·怀尔德（Billy Wilder）1955 年执导《七年之痒》，影片中玛丽莲·梦露（Marilyn Monroe）站在地铁通风口，捂住被风吹起的裙子的动作成为她的招牌动作，代表着她的性感风韵。值得一提的是，导演并没有在这支

MV 中设置过度搞笑、崇拜或讽刺女性身体的内容，它的整体格调很高。

与《嘻哈空姐》相比，《超跑女神》延续了这种性喜剧风格并扩大了其中男女之间调情的喜剧成分。周杰伦在 MV 里饰演一位在汽车修护厂工作的小工，他爱车又常接触车，收集了很多小的超跑模型。在一场白日梦中，模型变成真正的跑车，还有美女相伴并对他上下其手。当美女爬上黑色蝙蝠车正要扑向他时，他挣扎地醒了过来，发现不过是一只宠物狗扑上他狂亲罢了。故事中，女人主动进攻的调情方式将传统对于女人娴静淑婉的认识打破，赋予女人性感独立的形象认同。

《乔克叔叔》的 MV 选择马戏团的小丑作为主角来塑造，进一步挖掘、表现小人物的悲喜人生。歌曲描述一位叫乔克叔叔的小丑，爱耍俏皮又多愁善感。MV 中，周杰伦戴着啄木鸟造型的帽子扮演下舞台的小丑，荡着秋千诠释欢乐过后的孤寂。小丑本是马戏团中的丑角，总是以滑稽可笑、愚蠢呆萌的形象示人，但私底下，小丑演技卓绝、神秘莫测，是美女幻想的对象。这反映出小丑台前幕后的别样人生。但是小丑总是慨叹舞台上的自己："我只是卑微的小丑 / 翻几个跟斗 / 就等你拍一拍手 / 人群散了后 夜色多朦胧 / 月光

也会跟着我 / 我不是孤独的小丑 / 你笑了之后 / 不需要记得我 / 灯熄的时候 / 漫天的星空 / 最明亮的是寂寞……"歌曲里表现的人生甘苦一目了然，它超越了简单的哀怨，将小丑背负人生命运的勇气表现得清楚感人。小丑不再是串场的甘草角色，终于成为歌曲的主角。导演为我们寻找到的是一个新的关于小丑的喜剧人生，而这也是众多无名小人物的真实人生。

2014 年行的专辑《哎呦，不错哦》中的《听爸爸的话》仍然讲述关于"小人物"的故事。这支 MV 包含丰富的关于青春爱情的经历。男孩子不断地寻求女方父亲的认同与接受，但却发现自己的家庭出身无法从根本上被对方接受。随着年龄增长，这种不被认同和接受的态度越来越强烈，甚至达到决绝的状态。最终，一对有情人因家长简单粗暴的干预而分离。多年以后，在一场男主角的音乐会上，二人邂逅，可女方已经有了一个完美的家庭。男主角望着离场的心爱之人，除了落寞失望，还有深深的怀念与不舍。周杰伦的 MV 常常在喜剧情节中加入一记悲凉，使故事悲喜交加，成为一个整体。

在"周式幽默"的 MV 中，表现"小人物"不甘被命运摆布，渴望被社会认同，成为其喜剧的一种表现模式。在《鞋子特大号》

中，对认同的渴望包含着双重的意义：一重是对积极乐观人生态度的一种认同，一重是向喜剧大师卓别林的致敬。这支 MV 重现了卓别林喜剧世界里流浪汉"夏洛特"的故事。夏洛特是一位外表看上去邋里邋遢，内心却自视为优雅绅士的"精致流浪汉"，他穿着窄小夹克，大号的鞋裤，戴着圆顶礼帽，手拿竹杖，留着一撇小胡子，是经典的喜剧形象。夏洛特在生活中遭遇各种各样的戏弄、嘲笑、刁难，但是他总能用乐观、豁达的心态调整自己，以幽默的视角看待一切。MV 从夏洛特这个人物角度展现了小人物生活的艰难，含蓄地质疑了人们面对残酷现实时抱怨人生的想法并告诫，"别什么你都想要 / 快乐却找不到"。其中，"幽默是挫折中优雅的礼貌"这句箴言可以视作周杰伦对卓别林和卓别林喜剧的最好诠释。这支 MV 把叙事的默片形式和歌曲的嘻哈风格结合起来，加长了喜剧剧情的长度，使故事变得复杂而精致。这种对叙事、剧情的强调，对现实的模仿是西方的戏剧传统。西方重客观、求真实的艺术传统使喜剧生活化，更具有沟通、感染的效果。周杰伦把这种审美认识借用在自己的音乐作品中，将流行音乐与喜剧相连、与生活相连、与治愈情绪相连。可以说，周杰伦的 MV 作品提出了一种关于音乐与人们接受心理之间新的构型。

　　如果说《鞋子特大号》是周杰伦对喜剧大师卓别林的致敬，是对西方戏剧艺术的学习和探索，那么《公公偏头痛》就是对中国喜剧艺术的展现。《公公偏头痛》MV 中的公公是一个具有喜剧色彩的恶人，他愚蠢至极还总是自作聪明。MV 以宫廷内举办笑话比赛做开场，邰智源饰演的太监大总管陪在皇上身边，一天到晚用尽心机地想获得皇上的恩宠。他先是私下找刺客演出刺杀皇上的戏码，自己再出手护驾立下功劳。因为护驾有功要论功行赏，皇上带公公到了金库竟然只是给他几个小元宝，而且还是剥开就可以吃的巧克力。可是，公公未料事后遭刺客背叛，诡计曝光。其喜剧产生的基础并非"滑稽"的人物性格，而是依靠一种情理的冲突与统一。比如，公公在刺客面前假意护驾，皇上赏给公公的假元宝，公公偷看宫女洗澡，这三个片段的共同特点就是借用情理的冲突制造出和谐的喜剧感，让人捧腹大笑。MV 中还运用恐怖的僵尸作为喜剧元素。恐怖元素与喜剧结合创造出一种极端的感受，既可以感受恐怖中的惊叫，也可以享受喜剧中的欢乐，在毛骨悚然和开怀大笑之间滑行，从而获得极端的刺激体验，这就是典型的恐怖美学。MV 中的僵尸太监除了像之前的恐怖电影中有双手前伸、蹦蹦跳跳的约定俗成的动作以外，还有嘻哈风格、动感街舞的动作内容。这是周杰伦融合中西方喜剧传统智慧的综合的喜剧创造。MV 中的故事内容和框架是中国式的，而西方喜剧元素的灵活运用，在丰富传统中国喜剧程式的同时，还有贯穿、融合中西方喜剧特点的意义。

喜剧能有效地为人们提供治疗与释放负面情绪、减轻人们担忧和焦虑的功能。约翰·贝尔顿（John Belton）在分析美国的喜剧电影时指出："简言之，无论一个社会抑制什么，反之通常能以喜剧的形式嘲弄它，它类似莎士比亚作品风格的小丑形象，但是却道出了人们不敢直言的真理。"反观"周式幽默"，周杰伦在视觉的观赏中注入一些恒定的故事内容和义理，让人活在当下，活在自己的信念之中，不断地鼓舞自己向未来进军。他的这种演绎毫无说教的感觉，而是以轻松的方式完成一种日常交流，以幽默的笔法贴近每个普通人的命运。这是周杰伦音乐的伦理道德内涵，也是一位音乐人的良苦用心和超凡智慧。

### 热血助青春

一个无可争辩的事实是，流行音乐的受众绝大多数都是年轻人，因此面向他们的歌曲很多都与青春相关，关于青春的铁血柔情是最典型的主题。许多表现青春的歌曲都与"热血"相联系,如《斗牛》《忍者》《双截棍》《最后的战役》《龙战骑士》《跨时代》等。这些歌曲一方面表现为对现实青春的摹写,一方面也有周杰伦关于青春的自我理解。在这些歌曲的 MV 中,女性处于缺席状态,主要表现的是男性的英雄梦。坚强不屈的男儿在冒险或战争中展开各种角逐,侠义果敢的气魄成为他们向更危险、更艰难的困境挑战以证明勇气和男子汉气概的一种手段。在男人纯粹的世界里,战斗是一个男人必须要经历的内容,更是一个男人生命的一部分。

《斗牛》的 MV 以一种拽拽的、漫不经心的笔法,勾勒出一个躁动不安、火力爆棚、大胆挑衅的青春画面。篮球主题是很多男性对于个人成长的理解最绕不开的话题。《斗牛》是一个向篮球致敬、向青春致敬的作品。嚼着口香糖、戴着鸭舌帽的周杰伦,活脱脱就是一个"好战分子"。开头的一句"单挑一下",火药味十足。这个饱含不满、挑衅的句子,曾经在赛场中激励过多少男儿挥洒汗水,又使多少女孩子为这种男儿气神魂颠倒。另一主角黑人(陈建州),高大帅气、动作完美,引爆女孩的尖叫。MV 通过黑白色调提取出关于青春的记忆,将故事置于回忆的空间。这样的表意手段通过回忆深入青春的热血记忆和累累创伤,试图找到更多关于青春的内容。在这个过程中，朦胧的情愫、泛黄的故事得到很好的回味，而这种回味很能唤起观众的集体共鸣。

《忍者》将暴力美学与民族文化处理为一个关于忍者勇士的故事。"忍者"是日本古代一种特殊职业，简单的解释就是在特殊机构受过"忍术训练"的合格的特战杀手、特战间谍。周杰伦通过音乐将忍者神秘、诡谲多变的特点表现出来，同时将忍者不惜牺牲性命去达成任务的大勇精神给予揭示。MV 中，周杰伦学习日本插花和书法，并把其中的道理渗入忍者的学习中，最后成为一名武功高超的忍者。改良后的忍者造型，寓意着对忍者精神的超越，化身为新忍者。通过表现忍者的成长故事，周杰伦将与成功相伴而生的痛苦和折磨，甚至危及性命的风险揭示出来。他想让观众感受并体验这种创伤和危险，从而将这个故事变成激励自己成长的一种动力，正是这种对成功与失败关系的表述使得 MV 中的勇者精神深入人心。值得注意的是，MV 中的设色主要是黑白调子，周杰伦的红色衣服便成为视觉上的冲击点，红色与黑色的针锋相对给人以血腥恐怖的感觉，突出 MV 的暴力美学。

2011 年，《双截棍》被采用于《青蜂侠》电影的片尾曲。第

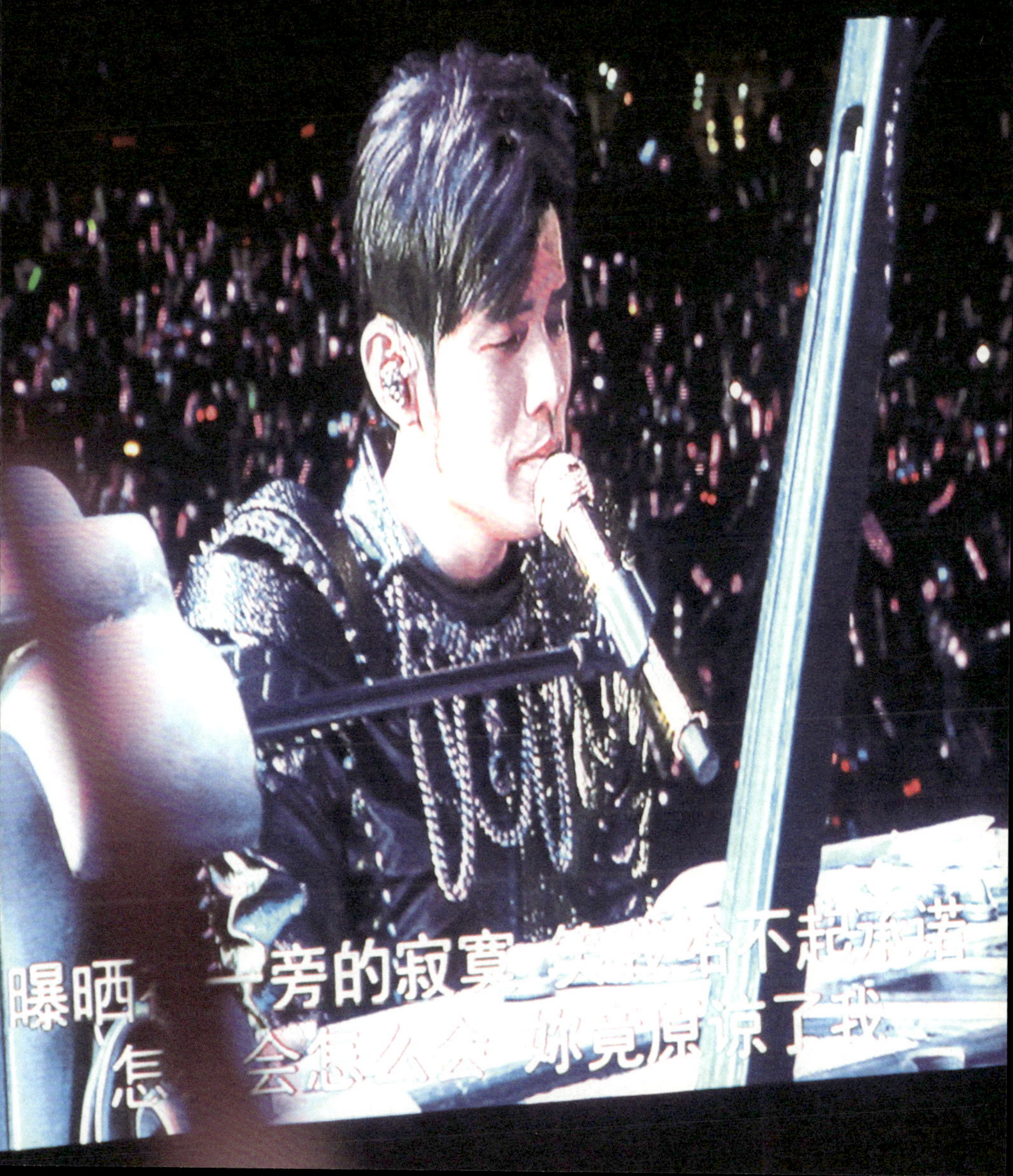
曝晒
旁的寂寞
不起
会怎么会
妳竟原谅了我

十三届台湾金曲奖评选中，钟兴民凭借《双截棍》获得"最佳编曲人奖"。2002 年，周杰伦的《双截棍》MV，通过 MTV 台的国际音乐频道在全球放送，在意大利引起不小反响，海外代理的 BMG 唱片决定在意大利发行《范特西》EP，收录《双截棍》《简单爱》两首单曲与《双截棍》MV，令许多意大利女孩为周董着迷。《双截棍》MV 讲述了一个典型的英雄救美的故事，具有很强的真实感。周杰伦出演的侠客有着一身好武功，尤其善用双截棍。他独来独往、来去无踪，为营救林依晨扮演的女主角，勇挑敌手，最后以少胜多。MV 中提出一种道德导向，"习武之人切记 / 仁者无敌"，如果说《忍者》是对"仁者不以盛衰改节，义者不以存亡易心"的诠释，那么《双截棍》就是对"义士不欺心，仁者不害生"的彰显。我们可以感受到这支 MV 的暴力美学的指向：一方面促使我们敢于向黑暗挑战，另一方面则让我们始终保持内心的仁慈和宽厚。争斗永远是要分出输赢的，而既勇又仁之人才能永远立于不败之地，并且值得人们尊重和敬仰，这正是中国武术的大美。

　　《最后的战役》MV 采用倒叙的手法讲述一个年轻士兵的经历，歌颂兄弟战友的手足情，强调"只有彼此的存在才能证明自己的存在"这种同生共死的情感。这支 MV 试图在自然、战争、爱情和人性的可能性之间找到出路。双方的对战、战友的牺牲、无辜者的受难……到底谁是谁的凶手？战争中的每一个人对这场战争都有自己的看法，无论谁是正义的，战争都会给人类带来毁灭性的伤害。"我留着陪你最后的距离／是你的侧脸倒在我的怀里／你慢慢睡去我摇不醒你／泪水在战壕里决了堤"，MV向人们提出深刻的话题：善良和罪恶、生存和死亡、战胜和战败——这些对生命、友情、爱情究竟意味着什么？

《乱舞春秋》MV是兼有历史感和嘻哈风格的作品。这首歌曲是周杰伦专门为网络游戏《乱舞三国》创作的广告曲。方文山以东汉末年三国鼎立的历史事件为题材创作了歌词。MV的背景是三国时代，造型方面，周杰伦特别做了两个装扮，一个是古装，一个是嘻哈装，古今交错的造型给人以穿越的感觉。MV中除了刀枪剑戟、格斗比武、混战厮杀的一贯的功夫场面，还有动画形式的特技效果。整首歌的背景音乐时而万马奔腾，时而刀光剑影，时而搞怪无厘头。MV的演绎则将这种搞怪的幽默发挥到极致，正在说唱的杰伦，听到铃声迅速接起电话，"喂？我在配唱，呃，鸡排饭，欸，加个蛋喔，拜"，迅速间离故事的汹涌浪潮，将观众拉回到现实。这绝妙的一句话，让人忍俊不禁，而这也是典型的"周式幽默"的智慧和逻辑。

周杰伦以动画电影的制作手法打造充满奇幻色彩的《龙战骑士》MV，一共拍了四天，加上精细的后期制作，使得制作期长达四个月，耗资五百五十万新台币！故事的背景是距今 100 年后的世界，那是一个魔兽和机械怪物斗争的世界。MV 中的美术、镜头、灯光、音效、特效、后期制作……全都由周杰伦构想。工作团队依照他的想法搭出融合了虚幻城市与古典哥特式建筑的圆钟、大厅、长廊等场景。周杰伦在 MV 中的造型具有中古世纪的骑士风格，他是身穿黑皮衣、戴古铜项链、骑鲜红色哈雷重型机车的未来骑士。面对一个被恐怖力量控制的未来世界，周董在 MV 中发出呼喊，"我坚决 / 冲破这一场浩劫 / 这世界谁被狩猎 / 摧毁却无法击溃 / 我要爱上谁"。

《惊叹号》的 MV 简直就是一个网络游戏的模式。周式电子摇滚曲风来势汹汹、惊心动魄，令人血脉贲张。画面中，飞速的跑车、扫射的机枪及步步紧逼的追击，营造出速度与激情的刺激。动画的周杰伦造型，瞬间秒杀一切仇敌，更是将其一贯的酷帅表现得淋漓尽致。将自己游戏化是周杰伦的首次尝试，这样做的意义是什么呢？我们从网络游戏的角色功能来分析。游戏的角色是网络游戏设计的灵魂，如何塑造一个性格鲜明、充满魅力、让人印象深刻的角色可能是网络游戏设计者面对的最大课题。每个游戏玩家的心目中都有一个英雄人物或义胆豪侠，虽然每个人都有自己关于英雄的定义，但是就其共性而言，英雄的角色往往要符合本民族的审美认知和道德标准。游戏的角色越贴近玩家们心中的理想形象，他们对角色的接受程度就越高。因此，周杰伦的游戏形象既有娱乐大众的功能，又有传递音乐文化的意义。

　　周杰伦 MV 的文化模式具有以下主要特征：对中国传统文化的尊重和传播，对人生的激励和礼赞，对正义的铁臂担当。从一位刚刚出道的懵懂歌手到如今的音乐导师，周杰伦以自己的坚毅和执着，用一个个作品记录着自己的艺术人生，记录着一路走来的光明和阴暗、期许和郁结、支持和误解、成功和失败。这些成长经历和音乐之路的起伏跌宕、与时代的会面交锋，成为周杰伦独有的个体经验和歌迷们的群体记忆。中国风，民族文化的写真；喜剧人生，普通人的悲喜剧；战斗，男儿的英雄梦。这一切都是周杰伦的艺术陈述，是一代人的浪漫记忆，更是一个时代的璀璨标记，一个时代的传奇和神话。

郑斯扬（《福建论坛》杂志社编辑）

# 媒介

MEDIA

## 时尚达人的
## 变身秀

# 7

# 从流行歌手到百变魔术师

*广告对周杰伦形象的塑造*

      明星代言是海内外通用的广告策略，尤其是当红的一线明星与影视广告仿佛天然合成，你我难分。正因如此，学界更多关注的是明星为广告带来的惊人利益、广告给明星创造的可观收入，却很少顾及广告传播对明星演艺事业、形象塑造、产品品牌效应的意义，更不会去追问两者之间的互动关系。也许，并不是所有的明星都经得起这样的深入发问，在一些明星看来，广告只不过是自己的"副业"，顶多增加曝光率而已。不过，在我们翻检、研读周杰伦代言的大多数广告作品之后，觉得很有必要从作为明星的周杰伦和广告代言人的周杰伦两者的关系来探讨广告对明星形象塑造的意义和价值。

      自 2000 年发行第一张专辑《JAY》以来，周杰伦的名字开始走进人们的视野，2001 年的《范特西》和 2002 年的《八度空间》两张专辑，使得周杰伦名声大噪，并成功进入内地市场，广告商们的目光也开始聚焦到周杰伦的身上。2002 年，周杰伦代言的松下手机系列开启了他在内地的品牌代言之路。从 2002 年至今，周杰伦共代言了包括百事可乐、美特斯·邦威、动感地带、德尔惠、可比克、摩托罗拉、仁和闪亮、优乐美、雪碧、爱玛电动车、伊利优酸乳、TiinLab 耳机等在内的共计四十余个品牌。这些品牌的产品涉及食品、服装、电子设备、交通工具、药品、电信服务等多个领域。在分类广泛、数量众多的品牌广告中，周杰伦是以什么样的形象出现在观众眼前的呢？这些广告的传播对于周杰伦自身产生了什么样的影响呢？

## 音乐玩耍者

周杰伦以歌手的身份出道，所以在相当数量的广告中，他的形象都是与音乐有关的。在 2003 年周杰伦与姚明合拍的百事可乐广告中，他们分别是音乐与体育的象征。广告中，周杰伦在钢琴房喝了一口百事可乐，姚明在篮球场上有节奏地拍打篮球，而周杰伦放在桌上的百事可乐罐就好像与篮球有心灵感应似的跟着节奏震动。周杰伦同时跟着这罐震动的百事可乐在电子琴上弹出相应的节奏，敲着鼓点创作曲调。于是，一边是篮球触地发出的声响，一边是电子琴的节奏，两者完美地融合在一起。最后，因为周杰伦打嗝时不小心弹错了一个音符，姚明这边的投篮也偏了一点点没有投进，可谓是神同步。广告后期的背景音乐正是周杰伦的歌曲《同一种调调》，收录在 2003 年发行的专辑《叶惠美》中，姚明也出演了这首歌的 MV。

百事可乐"姚明 vs 周杰伦"广告中出现的电子琴和鼓等乐器是塑造周杰伦音乐玩耍者形象的主要道具，在其他广告中也是如此。例如，2003 年松下 X70 手机"谈男人篇"，2005 年"Young Voice 青少年发声网"的公益广告，2008 年德尔惠"携手 2008 篇"广告，2008 年可比克薯片"钢琴篇"广告，2012 年 Lovelife 自闭症公益广告，2013 年卡巴斯基"天下无双"广告中，都出现了周杰伦弹奏钢琴（或是电子琴）的画面。2003 年动感地带"发威篇"和 2008 年喜之郎 CICI 果冻爽"街舞篇"中都出现了周杰伦打碟唱 Rap 的画面。2005 年高露洁冰爽牙膏和 2007 年"倾听就是一种陪伴"公益广告中都出现了周杰伦登上舞台唱歌的画面。2009 年的爱玛电动车广告中也有周杰伦打架子鼓的画面。

让周杰伦以音乐玩耍者的形象出现在广告中，对于观众来说在心理上是最容易接受的。在这种情况下，广告中的周杰伦几乎与现实中的歌手周杰伦形象没有太大的区别，还有些广告中直接将周杰伦的角色设定为他本人。将周杰伦塑造成音乐玩耍者形象的品牌广告大部分都是周杰伦早中期拍摄的广告，广告商看中的是他本身在音乐上的成绩和无限潜力，并希望借此将喜欢周杰伦音乐的消费者的注意力转移到品牌产品上。

## 个性酷男

"动感地带"是中国移动通信在 2002 年推出的针对年轻群体的客户品牌，目标消费者是年龄在 15~25 岁的青年群体。与之前推出的"全球通""神州行"客户品牌不同的是，动感地带增加了吸引青年群体的娱乐性功能，同时还提供了适合学生群体的优惠套餐。"我的地盘，听我的""我就是 M-ZONE 人"是动感地带的广告口号。2003 年 4 月，周杰伦成为动感地带的代言人，2006 年 S.H.E、潘玮柏加盟，2012 年周杰伦与动感地带的合约到期，不再代言。

在 2003 年动感地带推出的广告"追杀篇"中，周杰伦是一个挑染着黄色头发、身穿黑色校服、背着黑色学生挎包的校园男生。广告一开始，伴随着急促紧张的节拍声，只见周杰伦在逃跑并试图甩掉身后"追杀"他的六名神秘黑衣男子。为什么他会被"追杀"？是什么人要"追杀"他？后面的故事情节中，在周杰伦以为自己的躲避小伎俩得逞时，身体却不幸被红色的钢板黏住。于是，背黏着钢板、手脚都被束缚住的周杰伦落入"追杀者"的手里。广告一开始设置的悬念也被揭晓，原来"追杀"周杰伦只是因为他是 M-ZONE 人。"黑帮老大"强行为周杰伦戴上神秘头套，通过感应传输，动感地带各项功能的画面出现在大屏幕前。"黑帮老大"不服气地说："没错，是 M-ZONE 人。你们凭什么有 N 多新手机？凭什么你们的花样爆多？凭什么你们能狂打电话？凭什么你们的盟友遍天下？"就在"黑帮老大"滔滔不绝地抱怨时，周杰伦机智地脱掉鞋子、衣服，从束缚他的钢板上逃离，并把神秘头套扣在了"黑帮老大"头上，顺势把动感地带的芯片植入他的脑内。于是，又一个新的 M-ZONE 人诞生了："开始享受吧！"

在这一广告中，"黑帮老大"的追杀及周杰伦的黑色校服将观众代入到叛逆的古惑仔影片情境之中，"感应传输头套""脑内植入芯片"等元素也充满了科幻色彩，甚至在"黑帮老大"抱怨的台词中，"N 多""狂""爆""盟友"这些现在看起来有些过时的词汇却是 2003 年青年群体中的流行词汇。所有这些元素都是动感地带强调自己年轻化、颠覆性、娱乐性的符号。而不管是在故事一开始周杰伦巧妙地使用两次调虎离山之计躲过"追杀者"们的视线，还是在故事的最后，周杰伦从原本被捕的劣势迅速反转逃脱，最后将动感地带的芯片植入"黑帮老大"的脑中，成功"招降"了一员大将，这些故事情节都试图将周杰伦塑造成一个青春无畏、有谋划、有胆识的青少年形象。

在 2006 年 S.H.E、潘玮柏加盟动感地带后，周杰伦成为动感地带的"班长"，"我的篇"和"麦芽糖篇"两则广告的导演及音乐制作都是周杰伦。值得一提的是，周杰伦 2006 年自导、自演了这两则广告后，在 2007 年便自编、自导、自演了电影《不能说的秘密》。在这两则广告中，大部分的故事片段都发生在校园中，篮球场、阶梯教室、图书馆都是目标消费群熟悉的场景。

在"我的篇"中，五位主角身穿白色系的衣服，但是款式各不相同。周杰伦是一件橙色迷彩服图案的背心外搭白色无袖马甲，下身是棕色的宽松裤子配白色板鞋，脖子上配有挂饰，手上戴着黑色的橡胶手链。五个主角拿着写有"我的"的橙色标签，开始自己的"地盘争夺战"，不管是上课的座位、机器人玩具、收纳盒、图书馆里的图书、汉堡包、玩具飞机、篮球板、滑板、宠物狗的衣服，甚至最后周杰伦自己穿的衣服背后纷纷被贴上了鲜亮的"我的"标签。广告的背景音乐是周杰伦创作的"我的"纯音乐，但并未收入他的专辑之中。

在"麦芽糖篇"中，周杰伦穿着浅黄色的 V 领衫，搭配红色

的嘻哈裤和白色板鞋，脖子上挂着吊坠，手上戴着黄色护腕。五个主角将"动感地带"的多项功能拟人化，利用搜索功能帮助学生在黑板上完成习题、替被欺负的篮球少年撑腰、围观女生发送甜蜜短信、参与女生的游乐园自拍、为迷路的青年指路、紧跟正在打电话的男生等。画面最后，五个主角就像有分身功能一样，围绕在每一个使用"动感地带"的 M-ZONE 人身边。其中广告的背景音乐是周杰伦 2005 年发行的新专辑《十一月的萧邦》中的歌曲《麦芽糖》，歌词中"我牵着你的手经过 种麦芽糖的山坡 /……开心地被黏手 /我满嘴都是糖果"，正好符合广告中五个主角黏人的角色设定。

在这两则周杰伦自导、自演的广告中，新潮时尚的服饰搭配、轻松且节奏感强的背景音乐、脚跟抬滑板的耍酷姿势及幽默夸张的故事情节，让他成为个性时尚的象征。

与"动感地带，我的地盘听我的"这一广告口号有异曲同工之妙的还有"不走寻常路"的美特斯·邦威。美特斯·邦威是我国本土打造的休闲服饰品牌，创立于 1995 年，其目标消费群是 16~25岁活力、时尚的青年男女。2002 年，美特斯·邦威集团在全国的专卖店已经达到 800 多家，销售额超过 15 亿元。2003 年 8 月，周杰伦成为美特斯·邦威的形象代言人。2007 年，美特斯·邦威相继增加了张韶涵、潘玮柏等明星作为其代言人，但周杰伦的代言已成为一个深入观众内心的美丽记忆。

虽然在动感地带广告中，周杰伦已经展示过他在穿衣风格上的个性潮流，但本身就是服饰品牌的美特斯·邦威让周杰伦在个性潮流服饰领域有了更大的发挥空间。2003年的三支广告"你听到什么""你看到什么""你想到什么"是周杰伦为美特斯·邦威拍摄的第一批广告。在"你听到什么"中，周杰伦闭着眼睛静静聆听，手臂平行前伸，大拇指与食指张开成90度角，像是立刻便要耍起双截棍来。广告画面出现"你听到什么？"几个大字。在周杰伦睁眼的瞬间，画面切换成他在仓库、在天台、在野外熟练地耍着双截棍的画面，耳边还有双截棍快速旋转与空气摩擦的声音，直到最后画面切回到一开始周杰伦闭着眼睛的状态，观众这才明白，原来刚才耍双截棍的画面正是周杰伦"听到的东西"。在"你看到什么"中，周杰伦抱着篮球站在天台上眺望。当屏幕出现"你看到什么？"字幕后，画面切换到周杰伦正在十字路口、公园里、栏杆边玩着花式篮球，这便是"看到的东西"。在"你想到什么"中，周杰伦站在桥上，身边经过一个推着自行车的美女，他"想到的东西"已经是和美女谈恋爱时候的场景了。

这一系列的广告中没有台词，只有快节奏的配乐和写着"你听（看、想）到什么？"的醒目白色字幕，加上最后周杰伦的念白"不走寻常路，美特斯·邦威"。另外，画面切换的速度和情节的跳跃都显得不合乎常理，颜色色调也是暗色系，而这些恰恰是美特斯·邦威想要表达的东西——不走寻常路。其中，双截棍和篮球炫技的元素都带有浓烈的个性、酷炫的色彩，"双截棍"这一元素正是源自周杰伦 2001 年的代表歌曲《双截棍》，可以说是周杰伦让"双截棍"这一名词变得更富有"酷"的意味；而篮球一直是周杰伦喜爱的运动，除了这支广告中的篮球技艺外，打篮球这个动作在周杰伦代言的其他品牌广告中也多次出现（详见"超能行动力者"）。2007 年，美特斯·邦威的"时尚顾问"品牌策略启动，将周杰伦聘为其首席时尚顾问。如果说 2003 年的"不走寻常路"是美特斯·邦威为显示品牌的个性而创设的独特特征，那么"时尚顾问"的策略就是强调品牌产品的潮流性，这也回归了作为服饰类品牌追求时尚的初衷。

在 2007 年"我，你的时尚顾问"广告篇中，衣着朴素、戴着黑框眼镜的职场女孩经常受到同事的"欺负"，而周杰伦的出现使女孩看到了希望，于是在周杰伦的帮助下，女孩的衣服"大换血"，在形象上从一个普通职场女孩变成了时尚达人，在气质上也从受气包变成了女王。

同样在 2008 春夏都市系列广告中，周杰伦也以"时尚顾问"的身份出现。在广告片中，Mary 是一个穿着传统碎花衬衫、戴着圆框眼镜的时尚绝缘体，而周杰伦的出现则让 Mary 的着装发生了彻底的改变：紫色的长款春衣，搭配黑色小脚裤和长靴，再配上粗腰带、俏皮的帽子和挂饰，动感十足。最后，咖啡店的服务员因为盯着 Mary 看，不小心把自己手中的托盘撞掉了。

在这两支广告片中，周杰伦都以助手的形象出现，帮助故事中处于困境的主角解决难题。而周杰伦作为时尚顾问为主角们精心挑选、搭配衣服，就是将品牌产品植入的过程，主角前后形象的巨大反差衬托出美特斯·邦威的时尚质感。周杰伦"时尚顾问"的形象设定就是为了将品牌拟人化，是基于品牌本身策略的设计。

除了动感地带和美特斯·邦威外，周杰伦在 2008 年的丰田雅士力广告及 2012 年的宏佳腾机车广告中也被塑造成个性酷男的形象。在丰田雅士力广告中，周杰伦表情冷酷地驾驶汽车，广告巧妙地将他的眼睛特写与汽车前灯的形状叠加，汽车开过的地方留下了一道炫彩的紫光。另外，广告中还穿插了街舞的元素，将这紫光与跳着街舞的周杰伦轮廓也结合在了一起。宏佳腾机车广告中，周杰伦则被塑造成一个穿着皮衣、戴着头盔的职业机车手形象，他骑着机车穿行在富有古罗马色彩的街道中。全片中除了红色的机车和符号外，都采用了黑白色调。周杰伦与维修店老板的对话也是以漫画框的字幕效果进行的，其中还加入了拟声词"PA"的字幕，这种类似漫画的广告效果独树一帜，让观众有一种耳目一新的感觉。

可以说，广告中周杰伦的酷男形象是基于他自己平时所展现的形象及创作的歌曲风格衍生而成的，这种形象也是年轻一代所狂热追求的。广告商正是看中了周杰伦"酷"的特征，将其适当地夸张并代入到广告作品中。所以，将周杰伦塑造成个性酷男形象的品牌产品的目标消费群体大多是年龄在15~20岁追求个性独立的年轻一代，抑或是本身产品属性带有明显潮流特征。"美特斯·邦威"和"动感地带"这两个品牌可以说是与周杰伦共同成长的，长达十年的合作关系使得周杰伦与它们牢牢地绑定在一起。不管是动感地带的"我的地盘听我的"，还是美特斯·邦威的"不走寻常路"，都在不断强化青年人对于周杰伦的感性认识，时间越久效果越明显。如果说消费者会因为周杰伦的个性符号而选择其代言的品牌产品，那么这些品牌产品也成为周杰伦个性符号的能量来源之一，两者相互依存也互相促进。

## 超能行动力者

2002年，周杰伦发行专辑《八度空间》，其中的主打歌之一是《龙拳》。在2003年百事可乐"精武门篇"广告中，周杰伦以精武馆大弟子的形象登场。师傅外出，暂时将精武馆交给周杰伦看管。师傅刚踏出武馆大门，杰伦就用"龙拳"打开了藏在大门口柱子里的机关，里面摆了好几层百事可乐。其他弟子们喜出望外，纷纷争抢，大家拿到百事可乐后一边喝一边高兴地摇摆，周杰伦还来了个后空翻。不料，师傅突然杀了一个回马枪。"在干吗？""我们正在练龙拳！"在这支广告中，周杰伦身穿蓝色的功夫服装，跳起翻跟斗潇洒地接住师傅递过来的"精武馆"牌匾，还展现了出拳、侧踢、倒挂等高难度功夫动作。

在2006年摩托罗拉手机广告"神偷功法篇"中，周杰伦也施展了一番拳脚功夫。在竹林中，周杰伦与一名少林高僧展开对决，他跳起闪躲、连续出拳，最后使出绝招，击败了少林高僧，而这绝招恰恰是少林派的独家绝技。原来，周杰伦是用摩托罗拉手机的摄像功能偷师成功的。

同样是百事可乐的广告，在2008年的"魔戒篇"中，周杰伦与其他八位明星为了争抢一瓶百事可乐大打出手。其中的每个角色都像游戏世界中的英雄那样有特殊的技能，有会发射火焰的，有会引导水流的，有会控制风的。在争抢的最后，周杰伦开始施展拳脚，以太极的姿势双手在空中借力，最后喷涌出白色的气体，将空中的百事可乐击中，之后一个漂亮的收气动作将百事可乐收入囊中。

在这些广告中，周杰伦都是拥有特殊决斗技能的能力者，在广告拍摄过程中都需要他亲自或者依靠后期特效来完成一个个高难度的动作，就像是拍摄武打电影一般。在早期广告如"精武门篇"中，会耍龙拳的形象来源于周杰伦演唱的代表歌曲《龙拳》；而在中后期的广告中，这种能力者的角色设定往往是基于广告的故事背景，如"魔戒篇"就是以游戏玩家熟悉的魔兽世界为背景，广告片中还出现有名的甘道夫形象。

纵观周杰伦创作的歌曲，《双截棍》《龙拳》《双刀》《忍者》《半兽人》《蓝色风暴》《霍元甲》《周大侠》《黄金甲》等都与功夫或超能力有关，而《蓝色风暴》则是他专门为百事可乐创作的歌曲。

除了广告特效展现的超能力外，周杰伦的运动技能也在多部广告中有所表现。2003年至今，周杰伦一直代言体育运动品牌德尔惠，这一品牌的定位是运动生活派，提倡自由活力、突破自我和挑战极

222

限的运动精神，其主要经营的品种是运动鞋，因而在德尔惠广告中，周杰伦总是以运动型男的形象出现。在 2003 年的耐克超级篮球联赛广告，2006 年的"灌篮篇""篮球跑道篇"，2010 年"征途篇"，2012 年"世界未末日篇"中都出现了周杰伦打篮球的画面。2009年"滑板篇"，2011 年"巨人篇"，2012 年"世界未末日篇"有周杰伦玩滑板的画面。在 2010 年的"征途篇"中还有周杰伦打网球、骑马、冲浪、登山等运动形象。

在周杰伦代言的其他非体育类品牌广告中，也有篮球这一元素出现，例如 2002 年统一纯喫茶"篮球篇"，2006 年摩托罗音乐手机"搬家篇"，2008 年喜之郎 CICI 果冻爽"灌篮篇"，2011 年雪碧"天地一斗篇"。在雪碧"天地一斗篇"广告中，周杰伦与科比上演了一场特别的篮球对决赛，身为娱乐明星的周杰伦其篮球水平自然不如身为职业篮球选手的科比，三次想投篮都被科比盖帽了。休息时，周杰伦喝了一口雪碧得到了一个灵感，于是他一边脚踩滑板一边抱着篮球，利用滑板斜坡冲击力冲到篮板框前完成了一个出色的灌篮。

2012 年，周杰伦参加雪碧"真我飞扬篮球汇"启动仪式时就说自己喜欢打篮球，并且在上中学时爱篮球甚过交女友。"放学后

① 《周杰伦和篮球可以说的秘密》,《北京晚报》,2012 年 3 月 23 日。

最喜欢的事就是打篮球,课余生活以篮球为主,甚至没有心思去交女朋友。但是,也许是后来觉得自己实在很难在篮球运动上有所成就,于是,周杰伦改投校合唱队,开始发挥自己在音乐上的专长。"①可以说,周杰伦在这些广告中频繁出现的打篮球动作其实跟他在现实生活中喜欢篮球这一点密不可分。反过来,也正是如此多的篮球镜头让消费者注意到了周杰伦与篮球的微妙联系。现在,大部分人都知道了"周杰伦喜欢打篮球"这个事实。因此,通过广告的形象塑造,大众可以了解到的周杰伦不只局限于那个低着头唱歌、咬字不清的歌手,还能更深一步了解他生活中的其他面向。

### 恋爱暖男

2007 年,广东喜之郎公司推出即泡即饮型奶茶品牌"优乐美",同年邀请周杰伦代言。2007—2012 年,优乐美共推出七支广告作品,分别是"咖啡厅篇""巴士站篇""学校篇""语晨奶茶心语""杰伦奶茶心语""海岛篇""爱的日记"。2007 年和 2008 年是优乐美广告播出最热的时期,最出名的广告就是"咖啡厅篇""巴士站篇""学校篇"。前五支广告中,与周杰伦搭档的是曾出演他歌曲 MV 的女主角江语晨，后两支广告的搭档是韩国艺人梁多赟。在这七支广告中，周杰伦一改以往"酷"的形象，化身为恋爱中会讲情话的温柔男生。

在"咖啡厅篇"中，整个广告的场景是一个欧式风格的咖啡厅，从透明玻璃窗望出去可以看见天空中飘着的白雪。周杰伦与江语晨并肩坐在咖啡厅内的沙发上，手里捧着优乐美奶茶。女生调皮地望向窗外，害羞地问男生："我是你的什么？"男生看向女生："你是我的优乐美啊。"女生听到这个答案显得有些失落："原来我是奶茶啊。"男生看着女孩赌气的脸温柔地笑着说："这样我就可以把你捧在手心了。"听到这里，原本心情失落的女生一下子被男生的这句巧妙的情话逗笑了。整个广告的背景音乐是周杰伦2007年《牛仔很忙》专辑中的《蒲公英的约定》，节奏舒缓悠扬，配上飘雪的画面，营造出十分甜蜜温暖的气氛，男女主角厚毛衣加围巾的冬日打扮也在视觉上强化了温暖感。

在"巴士站篇"中，女生撒娇地问男生："永远有多远？"男生说："只要心在跳，永远就会很远很远。"女生笑着碰了一下男生的胸口说："你心跳蛮快的嘛。""因为你是我的优乐美。"女生听到这句话后甜甜地笑了。

在"校园篇"中，女生问男生："你喜欢我什么？"男生回答：

"我喜欢你优雅、快乐又美丽。"女生有点得意但又突然意识到："你是在说优乐美奶茶啊。"男生接着说道："你就是我的优乐美啊。"女生听到后露出了甜蜜的微笑。

因为优乐美奶茶的目标消费群体是 15~25 岁的校园女生，所以其品牌产品广告始终围绕着"冬日""温暖""恋情""校园"等几个关键词展开。在广告片中，周杰伦的形象也与"优乐美奶茶""感情呵护"等关键词紧密贴合在一起。他会在教室门口捧着两杯优乐美奶茶等待女生下课，会在女生碰他胸口时红着脸害羞地低下头，会在女生撒娇时每次都有不一样的回答，"拐着弯"说着甜蜜俏皮的情话。在"杰伦奶茶心语"广告中，周杰伦化身为初出茅庐的画家，因为优乐美奶茶与女友相遇，现在虽然画作受到认可，自己却与女友分隔两地，于是贴心地把代表温暖的优乐美奶茶作为礼物邮寄给对方。在"海岛篇"中，女友站在海边欣赏风景，但瑟瑟的海风有些冻人，当女友搓着手时，周杰伦递上一杯温暖的优乐美奶茶："捧在手心里的挚爱，有你，优乐美的奶茶味道更美。"

周杰伦在广告中被塑造成贴心的恋爱暖男的形象，而现实生活中，在优乐美奶茶广告宣传的成长期和高潮期，即 2008 年至 2010 年，他在公众面前一直是单身的形象。"恋爱暖男"的形象塑造在某种程度上也是广告商有意为电视机前周杰伦的女粉丝们创设的可供幻想的美好场景。但是部分观众对于营造美好恋爱情景的优乐美广告好像并不买账。"我是你的什么？你是我的优乐美啊！原来我是奶茶啊！这样我就可以把你捧在手心里了。"这段原本经典温馨的广告词遭到网友们的恶搞戏仿，产生了搞怪效果。如，"我是你的什么？你是我的优乐美啊！原来我是奶茶啊！这样我就可以喝完把你扔掉了。""我是你的什么？你是我的诺基亚啊！原来我是手机啊！这样我就可以天天打你了。""我是你的什么？你是我的王老吉啊！原来我是凉茶啊！这样我就可以用你来泻火了。"至于说为什么会想到这么恶搞，部分观众表示是因为接受不了这种肉麻的台词和广告密集播放带来的视觉轰炸，部分观众则纯属跟风。

优乐美品牌本身好像并不抗拒网友的二次创作，它在官方网站"优乐美学院"网络社区推广运动中推出了"导演系"活动，网友可以通过上传翻拍的优乐美奶茶广告获得奖品。于是，各种恶搞版本的模仿视频在网上疯传，有两个男生出演的"基友"版，有男扮女装、女扮男装的角色翻转版，还有各地方言版。一小块一小块形状不规则的报纸碎片替代了广告中浪漫的飘雪，欧式咖啡厅变成了普通的教室或者办公室，有的甚至将优乐美奶茶替换成了泡面、菊

① 《被广告商"宠坏"：周杰伦》，
梅 花 网，http://www.meihua.info/
today/post/post_a36b393c-19f8-
4ff3-8c7d-d4f7ea1723d7.aspx

花茶等道具。此外，还有网友将广告宣传图片中的江语晨 PS 成凤姐，把优乐美奶茶杯上的周杰伦替换成与其长相相似的日本成人视讯男演员东尼大木。还有网友将这些恶搞版本做成合集，取名"周杰伦看后哭了"。有文章更是直截了当地指出："周杰伦代言'优乐美'广告，其中台词现已沦为笑柄。"①

　　原本优乐美广告中营造的浪漫甜蜜的恋爱氛围，就这样因为广告台词设计的用力过猛引起了部分观众的厌恶情绪，而电视广告的集中投放更是加重了负面影响，掀起网友的接力恶搞热潮。优乐美在广告的大批量投放和网络恶搞中反而收获了"知名度"，让更多人知道了不仅有"连起来可以绕地球两圈的香飘飘"还有"你是我的优乐美"。但是，对于周杰伦和江语晨来说，情况并不好。百度贴吧的网友质疑："周杰伦为什么什么广告都做啊，他是不是想钱想疯了？"就连"周杰伦吧"的粉丝也表示，"Jay 广告太多了"。2008 年，在网上流传的周杰伦汶川地震捐款五万元的谣言也将他推到了舆论的风口浪尖。虽然深圳电视台 5 月 26 日"正午 30 分"新闻节目中就报道了周杰伦所有的地震捐款总计已经三千多万元的新闻，而且同一天台湾中天新闻也报道了周杰伦捐款 1.3 亿台币（约两千九百万人民币）的新闻，但是效果并不明显。江语晨则一直被吐槽说话声音作、表情难看，直至其不再担任优乐美奶茶广告的女主角。网友们对于优乐美广告的恶搞热情更是持续到了2009年。所以说，广告质量的优劣可能会直接影响观众对于明星感受的好坏。越是成名不久的明星，其自身形象还没有完全在观众心中确定，就越容易受到广告的影响。

### 梦想追随者

2005年，周杰伦为富邦文教基金会架设的"Young Voice 青少年发声网"拍摄公益广告。"Young Voice 青少年发声网"是一个鼓励青少年说出自己的真实想法，用媒介记录下与家人的故事，让青少年学会倾诉、关爱家人、互相帮助的网站，并且时常举办各种展示青少年自己与家人的比赛活动。在这一公益广告中，只有周杰伦一个人出现在画面中，他拿着喇叭喊"开机"，又马上接过电影开拍板，之后又充当摄像师、音响师、灯光师，又坐到舞台中央的钢琴凳上成为拍摄的主角开始演奏钢琴，最后又回到导演的位置喊"Cut"，一边鼓掌一边点头表示称赞，他就这样自导、自演、自拍地完成了整个"拍摄"的过程。广告语"生命是一场自导自演的创作"便是鼓励青少年为自己的梦想跨出第一步，即使是一个人也能完成得很好。

2014 年 TiinLab 耳机广告 "一个声音一个故事" 中，将周杰伦创作音乐时的现场收音场景真实还原。公园中小鸟的鸣叫声配着老年人下象棋的争论声，推门时门上挂着的风铃发出的摇曳声，拍打篮球的声音及篮球落地时的回弹声，铅笔在纸上书写时发出的 "沙沙" 声，飞机起飞声等，这些声音都是周杰伦戴着耳机拿着麦克风在现场亲自录制的。广告画面中，周杰伦和助理提着鸟笼寻找合适的录音机会，"我们还要等，等鸟声、雨声，还有下棋的，走走走，时间来不及了"。另一个画面中，方文山举着麦克风喊："好了没啊？手酸了。"周杰伦则戴着耳机用手不停地推拉着门试图调试出最美妙的风铃声，"再近点，再近点，嗯，刚刚这个挺好"。于是，我们才能在《将军》《半岛铁盒》《斗牛》《止战之殇》《自导自演》这些歌曲配乐中听到这些熟悉的场景声，好像身临其境一般。为了最真实地还原歌曲中的场景音效，创作更富特色的旋律曲调，周杰伦戴着耳机、举着麦克风出现在各种场景中，亲自收音，试图寻找到最棒的音效。篮球场、公园、机场、办公室，每一个地方都不放过。广告中，周杰伦始终佩戴着 TiinLab 耳机，耳机音质好坏是判断收音成败的硬性条件。广告通过周杰伦佩戴 TiinLab 耳机这一元素暗示了耳机的高音质。

广告最后，字幕开始滚动，画面中出现一长段其他与周杰伦歌曲匹配的现场录音：《星晴》——跑车声《三年二班》——乒乓球声、《以父之名》——意大利祷告文声、《黑色毛衣》——威尼斯街头艺人的声音《发如雪》——下雨声等。2014年是周杰伦出道的第14年，TiinLab耳机广告最后滚动出现的这些歌名就好像是回顾了周杰伦从刚出道到小有名气到大红大紫的整个发展过程。观众也跟着这些歌名一起回忆了当初听歌时的情景，怀念起自己的青春。

在这些广告中，周杰伦被塑造成一个为了追求自己的梦想和事业不断努力的年轻人。有梦想没有实际的行动是没有用的，只有那些为梦想付出勤劳的汗水、追求每一个细节的人，才有机会获得成功。

很多时候，我们常常将明星置于主体的位置去谈论他给广告商、给品牌产品带来了什么，却常常忽略了广告这种传播媒介给明星本身带来的影响。广告的传播过程就是明星形象塑造的过程，特别是那些带有强烈视觉冲击力、极富感染力的故事情节、投放频率高的广告更容易给明星的形象留下浓墨重彩的一笔。

十多年来，周杰伦在娱乐圈的地位和影响力使得他成为广告商的"宠儿",代言的广告数量和代言费在明星中都名列前茅。周杰伦在广告中的形象大致可分为音乐玩耍者、个性酷男、超能行动力者、恋爱暖男和梦想追随者这五种。"音乐玩耍者"是基于周杰伦最初的歌手身份,而广告中流行音乐的领跑者、不循规蹈矩的叛逆者形象,反过来进一步加深了他爱音乐、玩音乐、能走在潮流之前的真爱音乐者形象。"个性酷男"是周杰伦与众不同的音乐类型和嬉皮风格化外延的身份标签,反过来也强化了他独一无二的音乐类型。"超能行动力者"的形象一部分来自周杰伦创作的功夫歌曲的自然影响,另一部分则来自对周杰伦在音乐之外的个人兴趣爱好的挖掘和凸显,这使得周杰伦在音乐天赋得到放大的同时,也使他的形象更多元、更丰富、更接地气。"恋爱暖男"和"梦想追随者"的形象主要来自于品牌广告表达需求的情境设定,但恋爱暖男的广告形象为周杰伦酷酷的帅气形象平添了几许温情,非常符合一个出道多年后的男星由青葱少年步入成熟男子的节奏;梦想追随者的广告形象,也使得周杰伦的音乐形象充满了勇往直前、敢作敢当、不为现实所累,只为心中梦想快乐前行的积极元素,具有很大的情感张力。

这些基于周杰伦本身特性来设定广告中的周杰伦形象的广告商的初衷,都是希望自己的产品能与周杰伦自身形象完美契合,希望观众在观看广告的同时能将产品与他们所认识的周杰伦紧密联系在一起。同时,这些广告又使得周杰伦的原有形象更加丰满和立体。在音乐领域中,拿话筒唱歌的周杰伦有了无限的可能,而在运动能力方面,周杰伦并不止于歌曲中的"双截棍"和"龙拳"。在广告中频繁出现的篮球元素让观众认识到一个热爱运动的周杰伦。在个性潮流方面,周杰伦在广告中表现出的机智、叛逆、创造性、时尚等特征,以及跳街舞、耍花式篮球、滑滑板等动作元素进一步加深了周杰伦原有的潮流符号。上面所说这些延伸和扩展都可以概括为是对周杰伦原有形象的再加工,这种加工包括对主要形象特征的升华和对辅助特征的补充。

根据品牌需求展现的周杰伦形象往往带有不可控性,而且特别依赖广告本身的质量及传播方式。一个好的广告可以强化明星的正面形象,一个差的广告则可能会毁掉明星长久建立的形象。所以,明星在选择广告时不仅需要考虑该品牌是否符合自己原先的形象,也要斟酌品牌广告的内容是否达标,不至于因为太过庸俗或者其他不利的因素而损害自身的形象。

闻亦柳（苏州大学凤凰传媒学院硕士研究生）

马中红（苏州大学媒介与青年文化研究中心主任、凤凰传媒学院教授、博士生导师）

8
STYLE

星尚

服饰文化与
杰伦范

# 追逐魔法的奥秘

周杰伦演唱会服装的风格化

我们的生活处处充满了时尚元素，多元文化的发展使得时尚成为一种无处不在的文化形式。而所谓的时尚可以有无数种可能。演唱会作为一种文化形式，是时代文化、艺术、审美理念、经济发展等的综合体现，其本身就是时代的产儿。人们往往把演唱会和"时尚"画上等号。然而时尚又是无形的，需要借助一些物质的形式表现出来。在今天的时尚语境中，服装以其外化、感性的特性，占据着时尚的首要位置，成为时尚最丰富、最直观的表现形式之一。

演唱会上的人物造型属于舞台人物造型，其表现形式往往要比生活中更加典型与夸张。为了满足较远距离的视觉效果，演唱会在人物造型方面形成了一系列自身特点：它在强调整体感的同时，在符合音乐风格的前提下，更加注重表现歌者的个人风格；通过时尚的服装款式来塑造演唱者的形象美感，借助炫目的光电效果来营造良好的舞台氛围。

演唱会中，歌手的服装造型不仅仅是一种单纯的视觉艺术效果，也不仅仅是一种穿着上的需求，而是作为演唱会舞台画面中一个活动的风景，借助舞台这个特定空间来展示独特的艺术魅力。演唱会上，歌手在与观众有一定距离的场景中进行表演，这使得服装的视觉刺激作用更加凸显。当歌手以一种造型出现在观众面前时，远距

S T Y L E

离的观感下，首先映入观众眼帘的是服装的色彩，其次是造型、面料、工艺细节。歌手的服装总能在瞬间激发出观众的联想，产生强烈的视觉快感，使观众产生兴奋、激动等多重情绪感受。服装造型可以烘托不同歌曲的风格，带领观众进入歌曲的故事乃至意境之中。

对于大多数人来讲，迈克尔·杰克逊（Michael Jackson）的风格给歌迷的印象来自那张高高站在美国"公告牌"排行榜榜首的《战栗》，让当时满大街的霹雳舞手套与杰克逊舞服成为那个时代的时尚符号。1990 年，著名歌星麦当娜（Madonna）在她的"金色旋风之旅"演唱会巡演期间，身着著名设计师让–保罗·高缇耶（Jean–Paul Gaultier）设计的金色"紧身尖锥形胸衣"走上了她的世界巡回演唱会的舞台，彻底颠覆了当时保守主义的社会观念，一路高歌猛进，成为"内衣外穿"的现代典范。高缇耶曾评价麦当娜："哪怕她有违潮流，其实也是'有为'，因为她又创造出一种新的潮流！"如今依然是舞台女王的麦当娜，在 2012 年举行的巡回演唱会上，再次请来了高缇耶为自己设计锥形胸衣，重现经典并加以改进：坚硬的镂空架构锥形胸衣，套在男士礼服外，呈现雌雄同体的先锋感。一向以着装大胆而闻名的 Lady Gaga，在舞台演出时也不止一次穿过尖锥形胸衣，其中的喷火系列更是登峰造极。

　　周杰伦演唱会历来是创新高科技视觉体验及震撼音响效果的表率。纵观周杰伦的演唱会，从 2002 年的第一场"The One"到 2015 年的十四年中，正如周杰伦融汇东西方多种音乐元素于一体的乐曲风格一样，其演唱会也因颠覆常人、不入俗套的创意而具有多样化的形式。周杰伦天马行空的创意为演唱会加入了许多意想不到的个性元素，让粉丝们见识到"魔幻天王周杰伦"千变万化的音乐魔力，夸张多变的人物造型，色彩丰富的服装，材质独特、充满个性的服饰品等，或纨绔嘻哈、或帅气逼人、或妖娆诡异、或色彩斑斓，演绎着属于周杰伦自己的周式时尚。尽管周杰伦的很多演出服装看上去奇形怪状，但正是这些张扬的、极具个性的元素的层层叠加，才呈现出不同凡响的另类时尚感，塑造着观众们内心的天王形象，激发着粉丝们的幻想情绪。周杰伦演唱会服装所体现的美学效果，充分地融合到他的音乐和舞台特效之中，渲染了舞台气氛，有效地增强了他与歌迷之间的互动交流。

　　如果说大多数歌手的演唱会是音乐和舞蹈的盛宴，那么周杰伦的演唱会让人们看到的却是魔法。周杰伦不仅爱魔术，更是舞台上的魔法师。在舞台上，他总是兴致昂扬，其多变的音乐曲风和劲爆热舞常常令观众激动不已、嗨翻全场。演唱会载歌载舞的表演形式，

决定了服装与化妆需要根据演出的具体要求来设计与体现，演出服在舞台上表现出来的往往是"动"的状态；而演唱会对演员表演的技术及舞蹈动作要求颇为严格，歌曲的风格需要通过表演语汇清晰地传达给观众，这就要求服装造型具有可舞性特征。如果说歌者是演唱会舞台上的魔术师，那么服装就是魔术师的助手，它们吸引观众的注意力以满足魔术师的需求。

2002 年"The One"演唱会中，周杰伦身着银色盔甲的未来战士装，坐在特制的龙椅上，从机关重重的舞台中升起，高唱代表作《双截棍》，以王者形象出现在主舞台上。当唱到《龙拳》时，他又身着金光闪闪的龙袍从台下升至舞台中央挥棒击鼓，随后与伴舞者一同腾空飞至台前。这样的装扮，既配合了歌曲内容，又能渲染气氛、增强视觉效果，将律动的音乐与炫目的服装紧密相融，共同营造出一种主题鲜明而又富有强烈冲击力的舞台效果。

2004 年，周杰伦将演唱会从台北开到了香港红磡体育馆，这时的周杰伦在舞台上有了更高的追求，他特别顺应香港乐迷的喜好，从妆容到服装都做了更为浮夸的设计。

2007 年底的世界巡回演唱会上，周杰伦的造型更趋成熟和大气。全身白色西装加礼帽的装扮不免叫人想到迈克尔·杰克逊及刘德华两位中外天王的经典造型。显然，此时的周杰伦已是另一个时代的天王了。

2010 年，周杰伦在台北小巨蛋登场的"超时代"演唱会中，首次以歌舞剧的形式演绎自己的作品。多变的音乐配上多变的造型，使周董尽显王者风范。从时光穿梭的水晶流苏骑士装，到狂热的印度华丽蛇舞装；从科幻未来的银色时光装，到古堡华丽公爵复古装；从炫目金色豹纹亮片装，到时尚华丽冲绳风格装；从古典蕾丝王子装，到另类钻石嘻哈装；从豪放摇滚黑洞洞装，到酒红贵族绅士装，再到中国风蓝缎西装……周董的吸血鬼造型更是让人印象深刻，西装外罩着羽毛披肩，指甲上贴着带有铆钉的指甲片，特殊隐形眼镜令他的一双电眼里竟有着动物般的直立椭圆瞳孔，整体造型华丽又令人战栗。

2013 年的"魔天伦"演唱会在科技动画中揭开神秘面纱。在 3D 魔幻空间的影片效果中，周杰伦驾驶着蓝光螺旋飞行器降落在一个城市的废墟中。当 3D 影片中的蓝光螺旋飞行器呈现在歌迷眼前的瞬间，舞者从舞台弹跳而出。警报声中，飞行器舱门开启，周杰伦身穿红金雕花古铜盔甲战服现身。随着《惊叹号》热力四射的音乐节奏，周杰伦拉开背心拉链，露出结实的八块肌与人鱼线，歌迷的情绪瞬间燃至沸点！在演唱《不能说的秘密》时，周杰伦身穿镂空折射铆钉装，在自弹自唱的吉他弹奏中，抒情与摇滚杂糅，帅气逼人。

2014年"魔天伦"巡回演唱会北京站打造了一个奇幻的"冰封世界"。周杰伦身着"冰雪战袍"自舞台上方的十二米高空从天而降，寓意用音乐的热力融化人与人之间寒封的距离感。此外，周杰伦为歌迷们带来了不同于以往演唱会的表演形式，用歌舞剧演绎了电影《不能说的秘密》。周杰伦与以邱凯伟为首的"坏学生"展开了一段争夺袁咏琳的浪漫爱情故事。周杰伦身着校服出场，把时空瞬间拉回到那个白衣飘飘的年代。大屏幕上播放着《不能说的秘密》电影片段，舞台上表演着两个男生为共同喜欢的女生打架的桥段。周杰伦唱起《打架舞》，剧情的铺陈让歌曲更具有现场感。

色彩是舞台给予观众的第一视觉感受，色彩在营造舞台氛围、塑造角色形象中发挥着十分重要的作用，其强大的"七秒钟定律"及神奇的"情感链接"功能，使"色彩—演唱会服装造型—观众"三者形成一种相互关联的心理及行为的互动。"超时代"演唱会的巡演中，开场时《惊叹号》的曲音响起，在声光的作用下，周杰伦一袭白衣，凌空降落。色彩是客观存在的，其本身没有情绪可言。

就演唱会的形式而言，白衣的色彩极其单纯，但在声光的映衬之下，衣袂飘飘、凌空而降，具有强烈的视觉效果。随着曲目节奏的变化，光影下周杰伦的豪华气派似乎都蕴含在盔甲一样的男士夹克上，夸张的肩章设计，绚彩的水晶流苏，腰带、手套等配饰也都精心设计——刺绣、褶皱、钉珠、立体造型装饰……多种装饰手法的综合使用，使杰伦的王者形象光彩夺目。

演唱会不是单一的歌唱或表演形式，而是多元艺术融合的产物。它将歌唱、音乐、灯光效果、服装造型及舞台背景融为一体，并利用它们所营造的多维感官刺激来使观者为之动情。毫无疑问，服装造型能够使演唱者的情绪、歌曲的意境乃至舞蹈晦涩的肢体语言，以色彩、款式、面料、配饰的形式具象化。服装作为一种特定的语言符号来传达演唱会所承载的歌者个性风格和时尚元素，具有其不可替代的独特作用。

李倩（《福建论坛》杂志社编辑）

# 9 TRACK

# 轨迹

## 与音乐相伴
## 的人生

# 十五载乐路，从《JAY》开始

串烧点评全集粹

　　十五年的时间，说长，能让人生经历不同的阶段；说短，许多事儿仿佛就发生在昨天。对于杰迷来说，从 2000 年至今，杰伦的音乐伴随着我们走过了最美好的青春岁月，而这期间与他有关的种种似乎就在并不那么遥远的以前。

　　2000 年 11 月，一个头戴棒球帽、满脸羞涩的大男生带着他的《JAY》闯进我们的世界。特立独行的 R&B 形象地唱出那个让他面红、心疼、感动、疯狂的《可爱女人》；炫技钢琴、Rap 融合古典，将自己名字写进歌里毫无违和感的《完美主义》；简约而不简单的旋律描绘出清新、自然、甜蜜初恋的《星晴》；仿古歌词、R&B 旋律、即兴 Rap，东西方音乐元素综合演绎《娘子》；Hip-hop 曲风彰显气势高昂的《斗牛》；教堂、城堡，在异国他乡的《伊斯坦堡》想念你；少有的 Acid-Jazz 曲风搭配想象力无限的歌词，《印第安老斑鸠》展现出众音乐才华；丰富的弦乐演绎出令人难以琢磨的《黑色幽默》；R&B 与强大的弦乐彰显爱情里想忘忘不掉的《龙卷风》；忧郁、沉闷、伤感的气氛，简单的和弦，《反方向的钟》诉说着过去。

　　时隔一年，周杰伦在万众瞩目的期许下带来了他的第二张个人专辑《范特西》。如果说他的第一张专辑震惊了流行乐坛，那么第二张专辑可以看成是他成为亚洲天王的里程碑。异域风情 R&B 透露出无尽幻想，带你回到《爱在西元前》；大提琴低吟家暴之痛《爸我回来了》；清新、明快小情歌诠释《简单爱》；东洋风情、电玩感十足的《忍者》；古典与 R&B 诉说悲情心里话《开不了口》；怀旧韵律回忆战火年代的《上海一九四三》；说唱造就神秘、华丽、诡异吸血鬼故事的《威廉古堡》；中国风元素和 Rap 彰显传统《双截棍》；钢琴感叹忧伤经历，陈述心底那一抹《安静》。

2002 年，周杰伦带来了他个人第三张专辑《八度空间》，再次用奇幻的音乐创造力制造乐坛神话：营造虚实意境吟唱《半兽人》；半说半唱装满回忆的《半岛铁盒》；传递感情无线电的《暗号》；凝聚民族精神的 Rap《龙拳》；中西合璧流行歌《火车叨位去》；深刻内心独白《分裂》；以中国传统茶道看人生的《爷爷泡的茶》；深夜孤单追忆爱情的 R&B《回到过去》；异国风情童话《米兰的小铁匠》；军营共患难，深情悲怆的巨作《最后的战役》。

前三张专辑已经让周杰伦成为华语流行乐坛的焦点，他用音乐不断给大家带来惊喜。2003 年 7 月 31 日，周杰伦全新大碟《叶惠美》问世，在那个夏天掀起了周杰伦热潮。专辑第一主打复古钢琴与意大利歌剧完美融合的《以父之名》于 7 月 16 日在全球超过五十家电台同步首播，约八亿人同时收听，影响如此之大，以至于每年的

7月16日被粉丝们定为"周杰伦日"。这张专辑中有吉他弹奏的唯美、青涩校园情歌《晴天》；中国风开山之作《东风破》；简单、温馨的情歌《你听得到》；写出学生时代心声的《三年二班》；清新又有些傲娇的小情歌《她的睫毛》；唱出男人执着爱情观的《爱情悬崖》；民歌合唱与钢琴融合唱出向往自然、追根溯源的饶舌《梯田》；典型周式唱腔和琵琶共同演绎西洋风情、中间穿插西班牙音乐片段的个性嘻哈《同一种调调》；摇滚曲风与说唱结合告诫大家珍爱生命、远离毒品的《懦夫》。

2004 年 8 月，一向求新的周杰伦携带新作《七里香》在炎炎夏日给大家带来了一次听觉上的凉爽清风。专辑同名主打歌《七里香》是一首自由清新、诗情画意的唯美情歌，满是怀念；民乐、电音完美融合，"儿"话音主打、戏仿周式说唱演绎《我的地盘》，开启全新审美模式；典型周式情歌《借口》演绎无法挽留的无奈与痛苦；《搁浅》诠释爱恨情仇的纠葛；抒发真性情的日志式歌曲《外婆》呼吁关爱老人；古典弦乐与 DJ 打碟相交融、讲述中国象棋的饶舌《将军》；嘻哈风格的《乱舞春秋》重新演绎战乱三国；《困兽之斗》抒情摇滚；小情歌《园游会》甜蜜抒情；《止战之殇》厌恶战争、同情百姓。

　　时间似乎坐上了飞驰的列车，转眼周杰伦出道五年了。2005年11月，在万众期盼下，他的第六张专辑《十一月的萧邦》横空出世。钢琴诗人肖邦是周杰伦非常喜欢的音乐家，专辑又在十一月发行，因此得名。第一主打古典与Rap共同诠释失去爱人之痛，以《夜曲》怀念，凄美与唯美并存；摇滚、电子、古典、宗教福音交织在一起，制造酷炫的《蓝色风暴》；一生一世，缘起缘落，红颜、铜镜、狼牙月，伴随筝音谱写一曲《发如雪》；抒情R&B的《黑色毛衣》唱出过往的你和满满的回忆；《四面楚歌》直接表达对狗仔的不满与无奈；为爱隐姓埋名、甘愿牺牲，思念如片片落叶，随《枫》去；甜蜜周式情歌让人阳光灿烂、幻想无限，《浪漫手机》传递着你我的小确幸；《麦芽糖》充满了初恋般的甜蜜；摇滚与古典弦乐交织，营造出绝地反击的气势，灰色系周式Rap，诠释《逆鳞》之光；男女对唱悲伤情歌，《珊瑚海》演绎不该相爱的海鸟和鱼；标志性超酷帅的周式语调《飘移》准确呈现拓海桀骜不驯的心态；英式抒情摇滚展露相思之苦，为了找到你《一路向北》。

　　2006年9月，第七张专辑《依然范特西》来了。专辑的名称让粉丝们觉得是第二张专辑的延续，事实上，它的确可以和第二张专辑相媲美。古典乐与电子音相结合营造诡异的神秘气氛，标志性的周式 Rap 用《夜的第七章》讲述着 1983 年福尔摩斯的故事；充满温情的 R&B 搭配浅显易懂却道理深刻的歌词，以俏皮幽默的姿态，告诉大家要《听妈妈的话》；R&B 节奏写出中国传统小调，周式唱腔搭配费玉清的美声，大胆混搭唱出了凄美感人的《千里之外》；嘻哈遇上中国风，饶舌细数中药名称，一曲《本草纲目》弘扬中华文化，讽刺崇洋媚外；感情往往越简单越深刻，造化弄人，不知如何《退后》，所以只能错过；美式嘻哈搭配西班牙风格音乐，以《红模仿》表达我就是我；抒情 R&B 旋律，写实歌词，夹杂悲伤的唱腔，错过的时机，彻底的失去，伤心的眼泪凝结成了《心雨》，下个不停；爵士音调唱出异域风情，百老汇舞台上女舞者的魅力令人难忘，犹如《迷迭香》；成也萧何败也萧何，一曲《菊花台》道出历史更迭的世态炎凉。

2007 年，周杰伦做了自己的老板，成了名副其实的"周董"。自立门户后，同年十一月第八张专辑《我很忙》与大家见面。也许是新的开始，新作展露出从未有过的新鲜。专辑第一主打曲创造出美国西部沽泼又复古的牛仔形象，美式乡村音乐风格顽皮地诠释了《牛仔很忙》；简单、纯粹的吉他，干净利落的旋律，微微苦涩、淡淡忧伤，诉说着悲喜交加的爱情留在心里的那一抹《彩虹》；琴瑟和鸣、古朴柔情，一曲《青花瓷》勾勒出在天青色的烟雨江南只为等"清水出芙蓉，天然去雕饰"的你；"宅"不等于胆小、退缩，轻快、动感的旋律让你成为不走寻常路的《阳光宅男》，勇敢去追梦；低吟的钢琴，怀旧的气息，讲述着初恋离别的感伤，回忆着那时拉过勾的《蒲公英的约定》；中国古代战场上的刀光剑影，中国风、Pop、印度音乐、Rap、尖锐高音，诠释中国功夫的《无双》；实际距离很近，心理距离却很远，想给的给不了，在感情问题上也许真的是《我不配》；"扯"通常不靠谱，周式饶舌带你《扯》出靠谱；粉红、甜蜜，杰伦用他的俏皮为我们诠释《甜甜的》热恋；略显沉重的鼓点、忧郁的钢琴，直戳泪点的唱腔演绎你我之间《最长的电影》。

2008 年 10 月，摩羯座的周杰伦带来他的第九张专辑《魔杰座》。有个性、爱耍酷的杰伦将自己钟爱的魔术融入其中，充满神秘感。电子摇滚乐打造出百年之后《龙战骑士》与神兽决斗的世界；瞬间即是永恒，失而复得的幸福或许只需《给我一首歌的时间》；嘻哈遇上印度、埃及音调，《蛇舞》的魅惑唱腔带你畅游神秘的尼罗河；小丑、爵士、魔术师，俏皮的风格、古灵精怪的旋律，每个音符都被《魔术先生》赋予了魔力；清新风格搭配海岛唱腔，抒情摇滚怀念曾经有你的《花海》;停不下来的回忆表达着遗憾与伤悲，而《说好的幸福呢》早已消失不在；京剧小旦吊嗓演绎墨香如你的《兰亭序》;男生对唱漂泊感蓝调，面对爱情，两人同时沦为《流浪诗人》;回到过去，探寻未来，欢快窝心的旋律和小叮当的《时光机》带你找到儿时那个他/她;诡谲戏谑的印度音乐洞悉了小丑《乔克叔叔》俏皮可爱却又卑微的内心世界;嘻哈与民谣结合，简单的文字、丰富的内心意象，《稻香》的淳朴告诉大家要知足。

时隔一年半，2010 年 5 月，周杰伦第十张专辑《跨时代》惊艳亮相。周董希望自己的音乐像封面上的欧洲中世纪吸血鬼一样，可以跨越时代传流下去。电子摇滚搭配吸血鬼、古堡，展现"只为永恒的乐曲存在，醒过来"的《跨时代》;曲风舒缓、歌词动人、娓娓道来的钢琴以慢板情歌讲述《说了再见》的离别苦;传统小调，悠悠吟唱，沧桑历史为你解读爱情坚贞不渝的《烟花易冷》;布鲁斯风与随性歌词在《免费教学录影带》中教你用吉他耍帅;轻快的吉他,跳跃的旋律,国语、闽南语混搭俏皮表达《好久不见》的期盼,快回到我身边;一半是现代 R&B，一半是传统中国风，现代与古代的衔接，《雨下一整晚》演绎前世今生的爱恋;电子与嘻哈摇滚结合,上演《嘻哈空姐》搭讪戏码;轻快的 R&B 诠释离别,你的《自导自演》我不很 care；再累也要坚持，再苦也不能流泪，有些自嘲式的嘻哈，《超人不会飞》洞悉十年心路历程。

2011 年 11 月，"小十一"《惊叹号》诞生啦！励志、热血，一句句血脉贲张的词语激情演绎专辑同名歌《惊叹号》，着实令人惊叹；电子舞曲营造梦一样的迷幻感，多种唱腔的《迷魂曲》带你开启一场盗梦之旅；R&B 周式情歌《Mine Mine》，轻快的节奏与中文、英文、闽南语展现情人分手后的内心世界；轻快摇滚曲风，俏皮歌词，粉色系《公主病》充满爱情的甜腻；只有钢琴和弦乐，诉说着以前和现在，分开了还是忍不住要问一句《你好吗》；美食会让人好心情，一曲《疗伤烧肉粽》的抚慰让心情美味满分；神秘、奢华的古典乐混搭 Rap，搭配画面感十足的歌词，诉说一道《琴伤》；Ragtime 遇到饶舌、B-Box，前所未有的曲风，萌萌的形象、嗲嗲的声音，亲身演绎《水手怕水》；英伦摇滚、抒情旋律的励志歌，珍惜当下的每一天《世界未末日》；另类中国风搭配京剧唱法 Rap，上演一段中西结合的《皮影戏》；R&B 伴随饶舌，香车搭配美女，细数心中《超跑女神》。

在中国，"十二"代表一个圆满的轮回。2012 年，周杰伦出道十二年，同年十二月，他带来了第十二张专辑《十二新作》，代表

了他在乐坛取得的成就。极速嘻哈、隐喻歌词，乘坐《四季列车》
开启侦探与美女的007之旅；电子R&B曲风，用《手语》演绎只
有你我的浪漫世界；嘻哈、饶舌诠释另类中国风，《公公偏头痛》
带你领略宫廷境遇；中世纪、城堡、风笛，浓厚的欧洲风情，面对
爱情《明明就》是很固执；男女对唱表现相见恨晚的彼此错过缘分，
只能《傻笑》；Jazz遇上嘻哈，街头艺人用《比较大的大提琴》上
演街边舞会；钢琴伴随着沙哑唱腔，深情表白无论相隔多远，依旧
刻骨铭心的《爱你没差》；传统小调搭配苍凉感极强的歌词，武侠
爱情大片就此在《红尘客栈》拉开序幕；开头的拉赫玛尼诺夫钢琴
协奏曲引出充满激情的旋律，励志歌唱响《梦想启动》；抒情情歌
洋溢着浪漫与小幽默，甜蜜争吵下你比《大笨钟》还笨；抒情摇滚
宣泄心中的刻骨铭心，无论走到哪儿《哪里都是你》；电子嘻哈风
充斥着清新、顽皮，可爱的你就是海滩上的《乌克丽丽》。

　　2014年12月，周杰伦的第十三张专辑《哎呦，不错哦》千呼
万唤始出来！口头禅做专辑名，"小十三"果然够震撼！复古嘻哈
Rap，多种唱腔，一曲《阳明山》带你兜风；探戈旋律与诡异、神
秘的歌词搭配低声说唱，散发浓郁的弗朗明戈气息，一股幽香的《窃
爱》诠释窃取真心、盗走爱情的情圣；以慢板抒情旋律，接近哽咽

的低沉唱腔极度痛苦地自责《算什么男人》；传统悠扬曲调，如诗如赋歌词，揭示匆匆路人你我皆是《天涯过客》；嘻哈配抒情，你一言、我一语的对唱，感情里的我们到底《怎么了》；典型周式嘻哈，文字迷歌词，一定要《一口气全念对》；摇滚嘻哈曲风，急促的节奏，《我要夏天》冲破压力，拥抱炙热；小清新 R&B，简单的吉他，暖心的歌词，看着卡片回到《手写的从前》；复古嘻哈饶舌风，俏皮的唱腔，《鞋子特大号》快乐演绎卓别林式的幽默；伤感的叙事表明爱情不只是两个人的事情，有时还要《听爸爸的话》；轻快的嘻哈 Rap 表达爱情的哀与愁，就像《美人鱼》的眼泪，无声而深刻；英式摇滚却多了几分寂静，低沉的唱腔表达更多的是孤寂，陷入回忆，从而《听见下雨的声音》。

周杰伦将截然不同的音乐元素巧妙加工，画出流行音乐天空中与众不同的彩虹。他的音乐风格丰富多变，音乐主题更是不拘一格，展现在世人面前的是一个天马行空的音乐鬼才。他的音乐给人们带来的震撼让他成为名副其实的"音乐天王"。复古与现代的融合、营造时空错位感、标新立异，周杰伦用八度音阶继续书写着他的音乐传奇。

史宏宇（中国传媒大学音乐与录音艺术学院硕士研究生）

# "华语天王"周杰伦的
# 传奇人生

　　1979 年 1 月 18 日，周杰伦出生于台湾地区台北县（现新北市）一个普通的知识分子家庭，父亲周耀中是淡江中学的物理老师，母亲叶惠美是淡江中学的美术老师。十四岁那年，父母离异，周杰伦和妈妈、外祖母相依为命。周杰伦从会走路开始，周妈妈就发现他在音乐方面有特殊的天赋，于是在他四岁的时候，就送他进钢琴班学琴，十几岁时，就可以即兴表演。由于父母的离异，青春期的杰伦比一般的青少年更加叛逆，其他人都忙着准备大学联考，他却是逃课、加倍练琴，人生一时漫无目标。

　　1997 年，周杰伦在父亲的鼓励下，参加了台湾的一档真人秀节目"超级新人王"。演出并没有预期的那样成功，但周杰伦的音乐才华还是得到了主持人吴宗宪的肯定，被邀请到"阿尔法唱片公司"做音乐助理。刚进入公司的周杰伦并非一帆顺利，由于他创作的歌曲总是"怪怪的"，音乐圈内几乎没有人喜欢。为他先后为其他歌手创作的《眼泪知道》《双截棍》均被拒绝。一次次失败后，一直渴望在歌曲创作方面有所成就的周杰伦迷茫了，他甚至怀疑自己的音乐之路到底还能走多远……

　　与此同时，另外一位年轻人将自己创作的一百多首歌词装订成册，毛遂自荐地邮寄到各大唱片公司却没有收到任何回复，他就是方文山。也许是上天注定，多方受阻的方文山也被吴宗宪发掘，进入"阿尔法唱片公司"工作。当年进入公司的词曲创作新人共有八组，最后仅剩下周杰伦与方文山一组。这两个天马行空的年轻人凑在一起，不断碰撞出音乐的火花，他们依靠长时间积累的创作默契，在前三年蓄积实力，等待发片的机会。1999 年，吴宗宪的《你比从前快乐》是方文山与周杰伦首次合作的主打歌曲，此后到周杰伦发表第一张个人专辑之前，他们曾共同为康康、许茹芸、温岚、古巨基、迪克牛仔作词作曲。但作为一个曝光度不高的作曲人，周杰伦在乐坛依然默默无闻。"我要一步一步往上爬 / 等待阳光静静看着它的脸 / 小小的天有大大的梦想 / 重重的壳裹着轻轻的仰望……"这正是那段时间里周杰伦不懈努力和不灭梦想的写照。

有道是："有心栽花花不开，无意插柳柳成荫。"周杰伦一次玩票似地录唱了一首《可爱女人》，让幸运之神开始垂青这个有着美好音乐梦想的年轻人。公司老板杨峻荣听了《可爱女人》这首歌后，"感受到流行音乐中久违的生命力"，于是决定把周杰伦推到前台。2000 年 11 月，周杰伦发表第一张个人专辑《JAY》，在台湾经济低迷之际，卖出 30 万张；2001 年 9 月，他的第二张专辑《范特西》在盗版猖獗的情形下，仍创下大卖 40 万张的耀眼成绩。自此，周杰伦成为台湾新一代歌坛巨星,方文山成了周杰伦的御用词人。"周杰伦 + 方文山"在华语歌坛上成为继"王菲 + 林夕"后,第二对合作关系密切、个人风格鲜明、备受肯定与期待的组合,是近年来华语乐坛的金字招牌。刘德华、蔡依林、S.H.E、徐若瑄等知名歌手都争相向他们邀歌。周杰伦的传奇,是由周杰伦与方文山共同创造出来的。周杰伦独创的台式 Rap 和变化丰富的编曲,加上方文山创作的具有超强画面感的歌词,在台湾流行歌曲形态已疲乏无新意之时,一经推出,马上收到注目和肯定,成功塑造了"周杰伦"独霸一时的流行歌曲类型。

自 2000 年发表第一张个人专辑《JAY》之后,周杰伦以平均一年发行一张个人专辑的速度迅速占领中国乃至亚洲的音乐市场,国语唱片连续数年获得最高销量,并屡获最受欢迎中文歌曲、最受欢迎歌手等奖项。周杰伦几乎席卷了所有音乐排行榜的榜单,网上的专题论坛会员也超过百万人。2003 年,随着周杰伦在亚洲的声名大噪、人气飙升,美国《时代》周刊专程到台湾采访他,探讨"周杰伦"现象,他由此登上了《时代》周刊亚洲版的封面。但周杰伦所创造的传奇远远不止在音乐这一个行当中,2005 年,周杰伦开始涉足影视,以电影《头文字 D》获第 42 届台湾电影金马奖及第

25 届香港电影金像奖"最佳新人"奖。2007 年,周杰伦自立门户,成立 JVR(杰威尔)有限公司,同年,自编、自导、自演的电影《不能说的秘密》获第 44 届台湾电影金马奖"年度台湾杰出电影"奖;2009 年入选美国 CNN 亚洲极具影响力人物;2011 年以电影《青蜂侠》跻身好莱坞,进军国际影坛;2013 年自编自导自演第二部电影作品《天台爱情》取得了不俗的票房与口碑。

娱乐圈外的事业,周杰伦也开展得如火如荼。2011 年,跨界担任华硕(ASUS)笔记本外观设计师并入股香港文化传信集团、Mr.J 义法厨房,藤原豆腐店,天台食堂,潮牌 PHA N TACI,西安"真爱范特西"KTV,上海 J 时代 300 壮士健身房等。品牌代言方面更是数不胜数,Panasonic、百事可乐、DHC 的亚洲代言人,中国移动动感地带、美特斯邦威、雪碧等多家品牌代言人。除了力拼自己的事业,周杰伦还热心公益慈善活动,多次向内地灾区捐款并与众多艺人募款兴建希望小学。

无论是在音乐界、影视界、广告界,还是在公益慈善方面,周杰伦都用心做到最好。美国《时代》周刊曾这样评价他:一个歌手,不吸毒、不惹是生非、不反叛,居然也能如此走红。他的成功是营销技巧的充分运用,优秀的歌曲加上恰如其分的营销策划成就了这个时代的传奇人物。

## 音乐界的鬼马天才

　　周杰伦出道至今，不包括影视原声带、单曲在内，累计发行专辑十二张，每张专辑的销量都可谓是数量惊人，尤其是前六张专辑的销量更是让人瞠目结舌。周杰伦成名的 2000 年，在台湾地区流行音乐的发展史上是一个关键性变化的一年。台湾地区唱片业原本在亚洲排名第二，仅次于日本的唱片业，从这一年开始，在台湾地区经济日渐不景气的影响下，加之盗版数量的剧增，排名开始下滑。在这样的情形下，周杰伦的专辑却还能缔造可观的销售量。周杰伦现象，可以说是近年来唱片业受到盗版日益猖獗和网络 MP3 非法下载影响下的少数奇迹。第二张专辑《范特西》之后的每一张专辑，一出片旋即成为销售排行榜上的冠军，直至 2005 年 11 月发行第六张专辑《十一月的萧邦》时，仍旧持续着巅峰的状态，一出片就成为销售冠军。根据玫瑰大众音乐网的统计，2006 年 1 月初,《十一月的萧邦》上榜第十一周时，还保持在排行榜中的前五名，可见其受欢迎的程度。周杰伦还是台湾地区文化外销的奇迹，他曾创下香港红磡体育馆演唱会门票最快卖光纪录，原本预计只有一场的演唱会，由于在短短 2 小时内就售完，便又加一场，门票居然又在 30 分钟之内售完；第二张专辑《范特西》中的《双截棍》这首歌，甚至还外销到欧洲，在意大利发行了单曲，十分受到当地人的好评。

周杰伦的专辑能够在惨淡的市场中热卖的现象，最大的原因来源于他天马行空的音乐风格。他的走红并不偶然。陈鹏在文章《周杰伦：偶像"80 后"》中写道："2000 年是华语音乐的一个转折点，之前尝试过欧美 R&B、New Hip-Hop 的张震岳等人半红不紫，延续金属摇滚路线的伍佰也离'80 后'太远了，更不用说仍坚持走商业情歌路线的'四大天王'。周杰伦狂风暴雨般的音乐真正把 R&B、New Hip-Hop、Rock、Jazz 等元素成功嫁接并发展成熟——他让华语乐坛突然响起完全不同的声音。"的确如此，周杰伦的音乐成熟、有内涵，而且耐听度极高。据一位流行歌曲制作人分析，歌手要在流行音乐歌坛走红需具备两点要素：一是所唱歌曲好听，二是所唱歌曲好唱。不具备这两点，很难引起反响，而周杰伦就完全具备了这两点。他把古典音乐、西方摇滚、现代民乐、戏曲音乐、自然声响，甚至城市噪音中任何一个让人突然被打动的瞬间集合起来，形成多元音乐元素，再加上奇思妙想、充满魔力的独特音乐题材，以及精良的配器制作，使他引领了音乐时尚的创意，打破了华语流行乐坛很多年来的传统音乐格局。周杰伦在音乐创作上的一个大的创意是把自西方传入国内但一直流行不畅的 R & B 唱法赋予了本土化的改造。由于中英文发音频率有很大的差异，一个意思相同的词，英文发 6—7 个音，而中文只有 1—2 个音，这就使韵律感极强的 R & B 音乐的味道损失很大。周杰伦用一种超密度中文唱法解决了这个难题，再加上他含糊不清的发音，反而给 R & B 音乐一种更完整流畅的旋律感。陈梅在《试论周杰伦歌词语言的陌生化》一文中写道："周杰伦最初是以一个异类出现在流行乐坛上的。但很快他就以那种抑扬顿挫、含糊不清的R&B曲风，通过反传统的音乐以一种逆向形态迅速博得大众的注目，并以征服性的魅力改变了大众的口味，制造了一种另类的流行。……这种异化和反常规的形式形成了一种新奇、时髦的艺术风格，满足了广大青少年求新、求异的审美心理。"

从 2000 年到 2013 年，从《JAY》到《十二新作》，周杰伦共出了十二张专辑，每一张都各具风格，每一张都展现了他的音乐才华。他的鬼马奇才席卷了整个流行音乐领域，填补了流行音乐市场的空缺，唤醒了青少年对流行音乐的热爱和追求，也创造了华语乐

坛的一个奇迹。

## 影视圈的一匹黑马

　　周杰伦在音乐上的才华已经众人皆知，但谁也没有料到这个看上去害羞、笨拙的大男孩在影视界也能杀出一片天地。2003 年，他在电影《寻找周杰伦》中客串"周杰伦"，其本色出演的形象受到影迷的认可和追捧；2005 年，第一次真正触电大荧幕的周杰伦因在电影《头文字 D》中的出色表现，拿到了香港金像奖最佳新人奖。2006 年，应张艺谋导演的邀请，周杰伦出演影片《满城尽带黄金甲》中的二皇子，虽然是与周润发、巩俐这样有着多年表演经验的戏骨同台搭戏，但他的演技却并不逊色，在将近一个月的拍摄过程中，周杰伦从两位前辈身上学到了很多经验，为他后来自导、自演影片《不能说的秘密》积累了经验。《不能说的秘密》是周杰伦自导自演的电影处女作，充分彰显了周杰伦的创作才华。此片在当年亚洲电影票房年度排名第九，在亚洲地区具有良好的口碑，使周杰伦一跃成为中国新世纪首位享誉日韩影坛的青年才俊。该片荣获 2007 年第 44 届台湾电影金马奖的最佳原创电影歌曲、最佳视觉效果、年度台湾杰出电影等奖项。周杰伦再一次在电影领域赢得了好评，证明了自己的才华。虽然周杰伦在影视方面的作品远远没有音乐作品那样高产，但也几乎保持着一年一部的态势：2007年出演由杜琪峰导演，古天乐、吴建豪、陈冠希等演员合作的《自行我路》；2008年出演由朱延平导演，蔡卓妍、曾志伟、陈柏霖、陈楚河等演员合作的《大灌篮》；2009年出演影片《刺陵》的男一号；2010年出演影片《苏乞儿》的男配；2011年出演好莱坞影片《青蜂侠》，以及国产电影《逆战》；2013年自导自演第二部影片《天台爱情》也同样收获了不少好评。

周杰伦的"红"，不单单是因为他的歌曲，更重要的是他能够充分地引起这个时代的共鸣；他所创造的音乐与电影奇迹，是迄今为止整个华语乐坛任何一个音乐人都无法比拟的。随着80后、90后的成长，也许如今的周杰伦会失去往日的巅峰，但正如他自己所说："只要有一个歌迷还在听，我就会继续唱下去。我的时代不会过去。"

冯婷婷（中国传媒大学硕士研究生）

10

MEMORY

# 记忆

## 跨越青春的追寻

# 粉丝与偶像

迷恋周董为哪般?

在当今流行音乐领域中，周杰伦无疑是一个独特的存在，他的不仅在东南亚拥有首屈一指的影响力，在全球也拥有重要地位。最具说服力的资讯是，他曾跻身 1995—2005 年"世界十大音乐鬼才"之列，而这十大音乐鬼才中，他是唯一的亚洲人，无怪乎他能拥有数量庞大的粉丝群体。但相形于其他歌星，周杰伦的粉丝群却在年龄结构、职业类别、分布空间上有一个突出特点，那就是：巨大的年龄跨度——小至少年儿童，大至中老年；多样的职业类别——从学生到教授、从普通职员到高级官员等等；广阔的空间分布——从乡村到都市、从海内到海外。毫无疑问，周杰伦粉丝群组成结构的复杂性在流行歌手中是颇为鲜见的，而这种复杂性不免唤起我们深入探究的兴趣——作为粉丝的杰迷和作为偶像的周杰伦之间，究竟体现了粉丝与偶像的哪些一般关系，又呈现了粉丝与偶像的哪些特殊关系？

粉丝是对应于偶像而存在的、具有特定和相同审美欣赏趣味的文化消费者的集合。在大众文化高度发达的时代，粉丝的集聚往往会形成一个具有相似行为的群体，这样的群体又会以不同的方式展开各种活动，由此形成一种特殊的文化现象——粉丝文化，研究粉丝文化的种种文本则构成粉丝文化理论的组成部分。粉丝文化要研究的核心问题，除了其基本的特征和表现形式之外，通常是粉丝与偶像之间的关系，以及这种关系如何影响、制约着大众文化生产。更进一步的是要研究粉丝行为和趣味如何构成对偶像创作的影响，二者之间的生产与消费是怎样交织和互动的。而在对这些基本的、核心的问题的研究过程中，如何生发出新的问题并给予恰当的阐释，是研究者所要面临的任务。

在考察粉丝与偶像之间的关系时，我们有必要将视野扩大至整个现代大众文化的生产体系，在这个体系中，并非只有粉丝与偶像的关系，实际情况要复杂得多——除了粉丝、偶像，还有生产者（经纪人）、媒介、资本（商业）运营及粉丝文化等诸多因素。这些因素相互交织所构成的复杂系统使粉丝与偶像这对关系拥有了更丰富的内涵。

大众媒体时代的大众文化生产所具有的一个典型特点，就是媒介在阐释、解读和传播文化产品的过程中，有意无意地植入了媒介人的观念和审美趣味，从而在一定程度上引导和左右着大众对产品（作品）的理解和欣赏。这样一种关系已有众多学者进行了深入阐发，在此我们不再将其作为讨论重点，而主要聚焦大众媒介时代粉丝与偶像关系在建立过程中的复杂情形，借此考察周杰伦与粉丝文化的关系。

粉丝文化的产生显然离不开大众媒介——粉丝之间相互交流、沟通甚至结盟，必须要凭借便捷的通信工具，从这个意义上说，互联网时代无疑将是粉丝文化发扬光大并促使其不断兴盛的时代。我们很难设想，在一个缺乏便捷交流工具、信息闭塞的年代里形成粉丝文化。按照菲斯克（Fisker）的分析，粉丝受众因其不同于精英受众、普通受众而形成自身的文化——粉丝文化。在菲斯克看来，精英受众对待文本往往抱着虔诚、敬畏的态度，不敢随意解读和曲解文本；普通受众则时常以"为我所用"的实用主义态度对待文本；粉丝受众则是另一类特殊受众，他们通常能够从文本中寻求与自身相关的意义和快感，并将这种意义与快感带入新的文本生产过程之中。于是，菲斯克指出："粉丝们却经常将这些符号生产转化为可在粉丝社群中传播，并以此来帮助界定该粉丝社群的某种文本生产形式。粉丝们创造了一种拥有自己的生产及流通体系的粉丝文化。"

很显然，粉丝文化的形成得益于媒介时代迅捷的信息渠道，哪怕是天南海北的受众，只要迷恋和崇拜同一位明星，就能迅速地聚合在一起，成为一个个粉丝社群。当然，这里的前提是这些受众不同于普通受众，更迥异于精英受众。那么，粉丝受众究竟具有哪些特点呢？

任何一个粉丝总是从最初对偶像的喜欢开始，而后发展为深度认同以致崇拜。对一个歌手或影星产生喜欢是一切的开端，我们从粉丝表达的语言可以看出最初的兴趣是怎样唤起的：

高二繁重的课业几乎要把人压垮，但是每每听起杰伦的歌，总让人不自主地憧憬长大后的那些惊喜和美好的画面。

——尤丹

我喜欢他的中国风歌曲，因为它们就像是一幅幅水墨动画，使传统与时代元素得到完美融合；我喜欢他的感人情歌，因为它们总是唱到我的内心深处，让人慢慢回味过去；我喜欢他的嘻哈快歌，因为他的编曲丰富得让人瞠目结舌，顿时 High 爆全场。

——罗贤宇

随着这种喜欢情愫的持续发酵，延伸发展为一种执着的爱慕，不再是一时一地的偶然感觉，而是伴随着粉丝的一个生命阶段甚至是一生，这里我们引用西方歌迷对偶像的表白：

即使狄安娜不曾展示她那漂亮的女高音，我相信她仍会是我的最爱。但那声音也是这种倾慕的原因……当她唱着最简单的旋律时也会如此美妙，以至于把我感动得泪流满面。

我对她的感觉不是一时的奇想。那种爱将持续一生。在接下来的几年中，我们看着狄安娜成长为一个令人惊艳的可爱女人。

——Ratricia Robinson

我想，"周杰伦"这三个字会永远伴随着我的一生，他的音乐将伴随着我人生中每一个重要的时刻。

青春有你的音乐真好！谢谢你，Jay！

——罗贤宇

杰伦的歌曲，一首一首，就是漫长时光里的配乐，让我们的人生那么地富有情致，那么美好，那么让人回首时百看不厌。他把自己的声音藏在无数人的耳朵里，渗进我们的记忆中，陪伴我们走过青春。

——马梓潇

"我喜欢你多少年了。"这个句子在我眼里像一个带着绑架性质的仪式，甚至眼泪和微笑都残留着表演的痕迹——即便出自真心。纵使爱是盲目，但譬如发现他的音乐中别人不曾发现的细节和他的独特喜好，便是我认为最得体的表白。他的优秀人格和浪漫童心，

发酵出了童话般的酒味，你只能嗅见香味，却不能一饮而尽，归根结底，他并不属于你，但他的作品属于任何一个欣赏他的人。

——醋包

但这种爱慕还不是终点，因为它只是停留在感情阶段，感情的进一步升华，则是凝聚成具有理性因素的心理倾向，甚至如宗教般的膜拜和崇拜。在这种崇拜中，粉丝们事实上已不再把偶像视作凡人，而是当作神一般的顶礼膜拜，对偶像的情感也就超越了日常性和常规性，具有了某种宗教性质：

丽塔·海沃斯对我和成千上万的人来说，真可以说是美的化身，充满魅力、美艳绝伦。自信、神气地穿着华丽的衣服，神采奕奕地跳舞，她的音乐也绝对棒。她真是天外之人啊！

——Mary Marshall

她们是银幕上的女神——影星们高高在上，就如镶嵌于其他星系的星星，与我们这些芸芸众生们——这些上电影院看电影的粉丝们的生活相距十万八千里。

——Dawn Hellmann

　　的确，在粉丝眼里，偶像都是才情横溢、气度不凡、超群脱俗的天之骄子，他们的衣着打扮、趣味爱好乃至举手投足都会被粉丝们所仿效。这个时候，受众已变为粉丝，成为真正的追星一族。如果说粉丝是从具有高度热情和忠诚度的受众中分离出来的一类特殊受众，那么，现今被称为"铁杆粉""真心粉""骨灰粉"的粉丝，则是从粉丝群中进一步分化、升级而来的粉丝中的粉丝！这类粉丝的行为往往超越了常规，他们可以不计金钱、不计时间地追随着偶像的足迹，收集一切关于偶像的信息，说尽能够想到的所有赞美之词，并尽可能地贴近或与偶像交流，那种痴迷、仰慕、狂热的程度令常人难以理喻——模仿偶像的行为、假扮偶像的形象、渴望偶像的关注、幻想偶像的生活……这种将消费对象演变为崇拜对象的情状，的确是个耐人寻味的现象。从中我们可以看出，受众带有偏执性的欣赏态度，是粉丝产生的重要心理基础；而当粉丝出现之后，其与偶像之间的消费与被消费关系就被彻底解构，成为一种深度的文化认同——粉丝崇拜偶像，偶像也因粉丝的崇拜而存在，二者事实上构成一个共同体。

　　如前所述，粉丝受众与精英受众最大的不同点在于：粉丝总是把热情和关注点投射到作品创作者本身，而精英受众更多地只是推

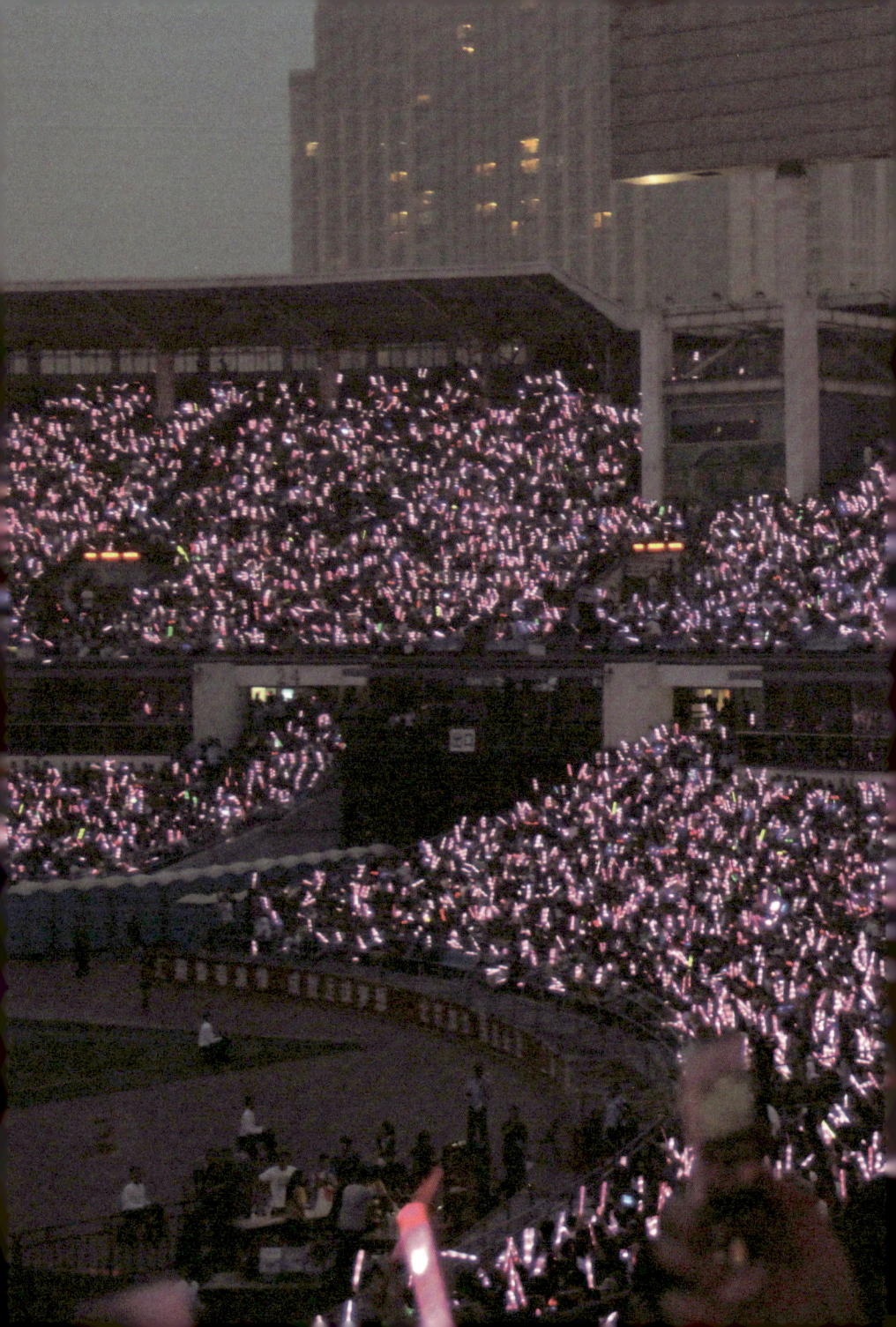

崇作品文本；粉丝受众会将热情延伸到各种相关的产品之中，甚至自己制作产品，精英受众则往往将欣赏转化为内心修为，或是融入自身的精神创造；粉丝受众往往会形成一个具有高度认同感的群体，而精英受众则通常是以个体的存在为主，至多也是小范围的、专业性的交流。正如伦纳德·迈尔所言：对于严肃的美术、音乐和文献，现在没有、或许将来也不会出现单一的具有聚合性的受众群体，而是存在并将继续存在许多不同的受众群体，大致对应现存风格图谱的各个宽泛领域。从研究角度看，粉丝受众所形成的文化，因涉及更多的社会文化、传播媒介、商业运营等因素和领域，往往需要更深入细致的分析和探究。

现在我们要从粉丝受众的一般特点回到"周杰伦"这个特殊的个案。不消说，作为周杰伦粉丝的"杰迷"，无疑具有通常粉丝受众的基本特点，但我们感兴趣的是，在这个特定的粉丝与偶像之间的关系中，存在着的那些特殊的东西。事实上，周杰伦作为一个独立而又极有个性的作曲家和歌手，他个人世界的丰富性和独特性决定了其粉丝行为和文化的丰富性。周杰伦尽管是个咬字不清、唱词模糊的歌手，却唱着从来没人唱过的歌，谱出从来没有人谱过的曲。其曲风的多样性、特异性、创造性显而易见——曲调源自中西古今，歌词融汇古典当代，器乐杂糅民族西洋，更重要也是最关键之处在于，这一切的兼收并蓄、融会贯通，都是以周杰伦极具个性化的方式来实现的，打上了鲜明的周式印记和符号，这为构成他在流行音乐领域的地位，以及拥有庞大的粉丝群奠定了坚实的基础。

对周杰伦歌曲曲风及歌词（包括方文山作词、周董谱曲部分）已有不少细致深入的分析与阐述，在此，我们想从外围来考察杰迷与偶像杰伦的关系。周杰伦杰出的音乐才能当然是其偶像魅力的核心要素，但仅此还远不能说明问题。杰迷们喜爱、追慕、崇拜周杰伦多才多艺，这几乎是所有歌迷都具有的特点，从迈克尔·杰克逊到麦当娜，从那英到刘德华……哪一个著名歌星不是多才多艺？我们想探究的，是周杰伦在其音乐魅力之外，还有哪些因素参与塑造了他的形象、增添了他的魅力。

音乐世界中的周杰伦，把艺术和时尚做了巧妙的结合，并且留给歌迷极为深刻的正能量的印象，而这种在音乐中获得的印象，在周杰伦的生活世界中也被不断地印证和强化——他的言谈举止、为人处世所散发出的个人魅力，点点滴滴、每时每刻都在杰迷心中构建着他的形象。追求以酷为美的周杰伦，传递出诸多时尚和潮流信息，他用当代西方流行音乐中饶舌的唱法，把中华武功的"刀枪棍棒耍得有模有样";他将古筝与钢琴融合在一起,把"青花瓷""兰亭序"等中国符号演绎成既古典又时尚的中国风;他把民乐与电音进行结合,开启了说唱的全新审美模式;他用古典弦乐融合嘻哈风格创造出耳目一新的周式曲风……但这种种别出心裁的流行之酷却一点也不怪异,竟是那样奇特新异而又自然流畅,与众不同而又亲切怡人。阿多诺(Adorno)论及粉丝时,认为粉丝的热情几乎是一模一样的,是标准化的热情,在他看来,流行音乐就具有标准化特征;结构的标准化目的是获取标准反应(即引起相同的感情和反应);"听者的耳朵应付流行音乐是凭借他们已具备的形式结构知识进行小的替换",而"在严肃音乐中不存在这样模式化的机械替代,严肃音乐中,最简单的也需要努力才能立即明白,而不是模糊地按照模式化的规则概括它,模式化的规则只能产生模式化的效果"。在笔者看来,阿多诺或许只看到了问题的部分或是表象,粉丝们确有相似的行为特点,但不同偶像的粉丝其热情的内涵却不尽相同,否则我们如何解释 A 歌星的粉丝可能完全不喜欢 B 歌星,甚至哪怕 A、B 是同样风格的歌手,粉丝们喜爱的对象也各不相同。

当周杰伦名满天下、享誉全球之后,作为被粉丝和媒体追踪、热捧的天王级偶像，他却不事张扬，更不会摆谱耍大牌，而是出人意表的低调、内敛与谦逊，并且这种低调、内敛非常自然，不做作、不矫饰。早在 2004 年他爆得大名后开的一场"无与伦比"演唱会中，他能切身为观众和粉丝们着想，在唱《东风破》时因天下小雨而以"谢谢你们都来看演唱会"的改歌词方式表达对歌迷的谢意；中秋佳节面对歌迷的询问，他诚心表示要跟两个女人（外婆和母亲）一起过节；与其他明星同台献艺，他向来不去抢风头、炫才艺；在加盟"中国好声音"导师团队时，能以天王的身份真心赞扬学员对歌曲的改编演唱比自己强；他时常为公益事业慷慨解囊，却从不希望媒体宣扬……种种姿态都说明，周杰伦并未将自己视作歌神与超级明星，他更愿意做一个性情中人，率直而单纯、真诚而朴实。

事实上，他的音乐之中闪耀着的何尝不是一种源于自然、出自生活，同时又充满人性的光辉？

他的音乐世界，既乱花迷眼，又回归本真；他的现实人生，既绚丽灿烂，又保持本然——这或许就是周杰伦最为迷人的魅力所在。

管宁（福建社会科学院研究员、《福建论坛》杂志社总编辑）

# 藏在耳朵里的陪伴

### 陪伴的开始

十岁那年的夏天，我去表姐家里玩，她正一边放着 DVD 光盘，一边打扫房间，音乐声开得很大，她打扫得也很开心。我看到电视屏幕上一个酷酷的单眼皮男生，唱着快到让人听不清歌词的歌曲。神奇的是，表姐居然能跟着唱，嘴里就像是跑着一辆加速的小火车，根本停不下来。

我从来没有听过这种节奏的歌曲，好奇地问她，这是什么歌啊？好奇怪。

表姐说，最近出来一个新的歌手，你不知道吗？他叫周杰伦，这首歌叫《双截棍》。

那时的我不知道，从那个不经意间听到的快节奏开始，从那次好奇地看到电视屏幕上的周杰伦开始，这个单眼皮男生的声音会陪伴自己十多年，陪伴了自己整个的青春。

周杰伦，这个名字洋气又好听，我很老土地想。当时身处内陆的我在地图上看了看自己与周杰伦之间的距离：他在遥远的台湾，我在祖国大陆的西北，就算是在地图上用笔连一连线，也要拉很长的一段，更何况是真实的地理距离？我想，对于别人来说，周杰伦是个音乐天才，但是对于我来说，他更是像星星和月亮一样遥不可及的存在。

小时候没有手机和电脑，只有录音机和 DVD，一盒磁带大概五六块钱，一张光盘十几块钱（均是盗版），还是小学生的我，每天的零花钱才五毛，哪里有那么多的钱去买？所以，听歌成了一件很奢侈的事情，买磁带或光盘一定要找自己最喜欢的音乐和歌手，才对得起自己花的钱。

第一次买的专辑是《范特西》，我忘了攒了多久的钱。当录音机里响起周杰伦的歌声时，爸爸妈妈特别不理解，说我花冤枉钱去买瞎唱的音乐。但是，我却由此坠入了周杰伦的音乐魅力中，不可自拔。

此后攒的零花钱，几乎都被用来买周杰伦的磁带、光盘、海报、贴纸、有他头像的挂饰，贴在自己房间的墙上，挂在书包上，贴在铅笔盒里。一时之间，我的世界里几乎都是周杰伦：耳朵里是周杰伦的声音，眼睛里是周杰伦的贴画，脑海里是周杰伦的样子，就连做梦都能梦见自己被周杰伦请到了舞台上和他一起合唱。

小学六年级的时候，周杰伦拍了第一部电影《头文字 D》，我迫不及待地买来一张 DVD，看他的精彩表演。他在电影中还是那么酷、那么厉害，虽然里面那个叫夏树的女孩子亲了一下拓海让我很不开心，但是我还是忍不住在每个星期五的下午看好几遍，不记得持续看了多少个星期、看了多少遍，直到我对所有故事情节烂熟于心、倒背如流，才停止。

陪伴那么长，这才刚刚开始。

我以为我再也不会记起那个燥热的夏天，和在一旁与我窃窃私语的他，直到我的耳机里又随机播放到《蒲公英的约定》。

夏天从那一刻开始。

闷热的教室里，门窗大大地敞开，头顶的电风扇"呼啦、呼啦"地转着。大家都穿着短袖短裤，在自己的座位上奋笔疾书。

我和他的座位中间隔了一个过道。他和其他不懂得收拾自己的男生不同，他不会大汗淋漓后带着满身的汗臭味回到教室。午休过后的我经常会早一点回到教室，每次闻到那种清香的洗发水的味道，和他呼啸而来时带着的水汽，我就知道，他来了，都不用抬头确认。

下午第一节课，很多人都会疲倦地趴在课桌上酣睡，老师的声音连走廊里都听得到，粉笔在黑板上"吱吱"作响，炽热的阳光透过玻璃窗打进来，他依然挺着身板，抬头跟着节奏，听得入神。

他是初三时新转来的学生，学习成绩很好，考过年级第一，却唯有一件事违反老师的要求，就是喜欢塞耳机。他和我一样，耳朵里经常塞着耳机，但我不知道他的 MP3 里播放的都是什么歌曲。燥热的夏天，我经常会在下午最后一节课后待在教室里，不想去食堂吃饭，也不想写作业，有时候趴在桌上眯一会儿，有时候拿着心爱的笔记本抄歌词。

那天下午，我悄悄地拿出笔记本，边听歌边抄歌词，同样一支笔，抄歌词的时候竟然比写作业的时候感觉好用很多。我买了一叠周杰伦的贴画，每一首歌的旁边黏上一张贴画。不知道这样过了多久，从旁边突然伸过来一只手："你的东西掉了。"抬起头一看，竟然是他。

那一刻，空荡荡的教室里只有我们两个人，他站着伸出手，我一脸惊愕地坐着。正值黄昏时分，教室里染上了晚霞的颜色。班主任就在这个时候出现在教室的门口。

我们被叫到办公室，接受了一系列的盘问。

为什么吃饭时间不去食堂吃饭？

为什么只有两个人在教室里？在聊什么？

为什么要在初三这个关键的时刻听这些乱七八糟的音乐？

为什么不用这些时间多做两道题来提高自己的成绩，而是抄这些没用的歌词？

以及，这个单眼皮男人是谁？

四十多岁的班主任有些古板，自然不能理解我们，没收了我的歌词本和我们的 MP3，翻看我们的歌单，质问我们为什么两个人的 MP3 里面储存的歌曲完全一样，都是周杰伦的歌？她甚至怀疑我们早恋，说中考过后才会把 MP3 还给我们。回到教室的我们四目相对，"扑哧"一下都笑了，原来都是杰迷。

被学习的压力驱赶着奔跑，心里还是感觉到空落落的。一次晚自习前，他在教室的窗外很着急地叫我出去，我从来没见过这个一向冷静淡定的年级第一会那么激动，于是匆匆跑出去。原来是校园广播在放《蒲公英的约定》，我们并排靠着教学楼的墙壁，踩着还温热的地面，吹着微凉的晚风。

"将愿望折纸飞机寄成信／因为我们等不到那流星／认真投决定命运的硬币／却不知道到底能去哪里……"

后来几次，他还买来冰凉的橘子汽水，和我一起谈论着那有些遥远又很令人神往的事物，比如理想，比如音乐，比如杰伦，有时聊到街灯初上，晚自修的铃声一遍一遍回响。他说，以后一起去听周杰伦的演唱会，好不好？

中考后，我们去到不同的城市，很久不联系。我买了很多关于周杰伦的杂志和书，在很多个周六的午后躲在宿舍里看他的种种传奇故事，耳朵里还是用他的声音来伴奏。看他音乐道路的起步，第一次拍电影，第一次当导演，无数次地拿音乐大奖，还有他和他的那些杰女郎的绯闻。他越来越厉害，还上了春晚；他还玩魔术，拍电视剧……他在我眼中变成了超人。我看到他把许多不可能变成了可能，我对他的喜爱里增添了更多的崇拜。

随着周杰伦一张张专辑的发布，一部部电影的拍摄，一个个绯闻的结束，我也长大了。

几年后，我终于去了周杰伦的演唱会，挤在人群中，挥舞着荧光棒，跟着唱每一首歌。尖叫、拍手、流泪，只不过身边的人，不是当初约定的那个人。

青春美得像诗句，可是随手一翻，那一页"唰"地一下就过去了，没有岁月可回头。

我们平凡的生活不是电影，有着明确的时间轴和剧情走向。生活是零碎的、繁杂的、漫长的，没用的记忆全部消散，真正珍贵的东西将永远地停留在我们的生活中。杰伦的歌曲，一首一首，就是漫长时光里的配乐，让我们的人生那么地富有情致，那么美好，那么让人回首时百看不厌。他把自己的声音藏在无数人的耳朵里，渗进我们的记忆里，陪伴我们走过青春。

如今，杰伦已为人父。引用一句网友在天王嫂昆凌微博下面的评论吧：我把我的整个青春都交给你了，你要好好照顾他。

马梓潇

## 如歌岁月中的寻找

即使你知道演唱会的灯光几点熄灭，你知道了杰伦在哪句话后会"扑哧"笑出声，你就以为他不再是陌生人了吗？自以为足够老气横秋，早已看透一些底细，终究也不过在原地。

杰伦的手指从黑白琴键上抚过，把我们起初囫囵吞下的回忆反刍一遍，再嚼出些当年的味道。他早已不是雪中炭和夏日扇——这些是御寒消暑的应急必需品，而更像是放在案头随手就能够着的"不求解渴的酒"和"不求饱的点心"，这两种都是生活上必要的，而且是愈精炼愈好。

一次香港演唱会前，和一位男歌迷晃荡至场馆的途中，他憧憬了一路如果被杰伦点到后的对白。"虽然没有以前狂热，但只要见到他，还是会……"，穿插其中的这半句话悬浮耳旁，又瞬间沉潜心底。然而，恰恰是他，"随手"够到了最精致的"点心"——被杰伦点到了！欣喜若狂地翻过障碍物冲向舞台，原本潮水般和他不分彼此的暗色人群，随着他的抽身离去，突然汹涌成他的星空点缀，目光灼灼地照亮了他与杰伦的拥抱和自拍。而他在舞台上的每一句话，都无法对应先前一路的"彩排"。直到他后来向我模仿在后台与杰伦合影时，杰伦一眼认出他时欲言又止的招牌动作，我才体味到之前那并不完整的半句话潜入心底的分量。

音乐不仅填充胃，也流经肺，呼应着时光的节律，顺势凿通了记忆，无法替代的杰伦的味道弥漫开去，把一个时代都熏香了。走过再多时日，猛一回头，发现自己仍旧浸泡在他的气息里，走不出来，但又呼吸顺畅。如同演唱会急管繁弦后突然的片刻黑暗，知道他会再回来，便一点儿也不惊慌。第一份工作在一家杂志社，每每加班至深夜，没灯的走廊就像怪物的血盆大口，但一想起几年前杰伦曾走过这条走廊转身进某间屋子棚拍，便幻想时空突然重叠，他就是此刻的光，身体被抹上一层时间的油彩，于是便在有他擦肩的气息里昂首阔步。

好朋友幸运地接过杰伦从台上抛下的粉色玫瑰，岁月被兵荒马乱地卷走，花香亦随人与事风吹云散。但被温暖过的人心，拥有永远不会枯萎的春天。

"我喜欢你多少年了。"这个句子在我眼里像一个带着绑架性质的仪式，甚至眼泪和微笑都残留着表演的痕迹——即便出自真心。纵使爱是盲目，但譬如发现他的音乐中别人不曾发现的细节和他的独特喜好，便是我认为最得体的表白。他的优秀人格和浪漫童心，发酵出了童话般的酒味，你只能嗅见香味，却不能一饮而尽，归根结底，他并不属于你，但他的作品属于任何一个欣赏他的人。在集体失恋的青春浪潮里，很多人沉沦在自己苦涩的盐里。浪潮褪去，明月照人来，我更喜欢收藏他的各种目光，搜集起来，保存在自己身上，在幽暗的岁月里提炼珍珠。

曾经他在演唱会一连几天翻唱《岁月如歌》，"天气不似预期/但要走总要飞/道别不可再等你/不管有没有机"，直到唱来了台风，我的航班也被迫取消，当下对他爱恨痴缠的微妙感觉实在令我忍俊不禁。

远在岁月如歌中找你，如果找到你，你是否也会好奇地问一句："你又不酸，为什么要叫'醋包'？"因为，你问过我的朋友大头："你头又不大，为什么要叫'大头'？"很神奇的是，之前上台跟你拥抱、自拍的那位男歌迷，当天晚上就借宿在大头家。世界这般小，而我与你依旧隔着一首副歌的岁月：“你去问阿郎啦，是他起的怪名字。”

## 旋律流淌着的青春

　　周先生，很多次提笔想写你，想写和你有关的故事，那是和青春有关的种种，却不知道该从何写起。2015 年 1 月 18 日，铺天盖地你的新闻，你终究要开启人生的下一阶段。我才发现有你的青春，就要散场。于是作了这首诗送给你，希望未来的你能看到：

　　天台花海有月光，十一月肖邦七里香，说好的幸福麦芽糖，珊瑚海边牛仔忙，笑着回忆青春的疯狂。第十五年，你依然是最初的信仰，感谢你支撑我走过最漫长的时光，以后的每份光芒愿与你一路分享，祝福你，十五年唯一的偶像，愿明日阳光依然如最初般晴朗。

　　对杰伦最初的印象是在 2000 年，他宣传第一张专辑时，上湖南卫视"娱乐无极限"节目。在那个娱乐产业信息传播并不发达的时代，对所有偶像的期待和信息都来自于电视栏目，后来每天的娱乐新闻、音乐资讯，最关注的就是"周杰伦"这三个字。真正喜欢杰伦是从《范特西》开始，每一年的专辑发表日，就像是给自己的狂欢，甚至这样一年一年记录下来，转眼就是十五年了。

不知道人的一生会有多少个十五年，后来"周杰伦"这三个字已然成了我丈量青春最温柔的标尺，只要那些熟悉的歌曲响起，所有的回忆就会相聚在此并回到过去。我唱的那些关于回忆的歌，总能带着回忆又来找我；我唱的那些关于梦想的片段，总能带着梦想，远走。

### 第一乐章  2000年 《JAY》 稚气小学

每个人的童年都会有一种颜色，如果这份感受和周杰伦有关，那么一定是如童话般梦幻瑰丽。杰伦喜欢童话，喜欢魔术，喜欢欧洲古堡，喜欢所有神秘的东西，这些在他的第一张专辑里就酷酷滴体现。一头蓬蓬的卷发，一顶压得低低的鸭舌帽，在半空中悬浮着的除了他最初对音乐的青涩，还有野心。这一年，杰伦推出了同名专辑《JAY》，那时候没人听过他的名字，不过他依然坚持在封面上写下来，他的音乐城堡的第一块砖就这样建起来了。

### 第二乐章  2001年 《范特西》 小学毕业

《范特西》让所有人记住了周先生,那里面有《简单》《双节棍》《爸我回来了》。这一年，他拿下了所有的奖项，成为一个天马行空的音乐怪才;这一年,他在台北体育场举办"The One"演唱会，三万多粉丝从头 High 到尾，而他却在台上说：谢谢你们喜欢其貌不扬的我，还有我很跩的音乐。

### 第三乐章  2002年 《八度空间》 炽热初一

从《八度空间》开始，周杰伦的音乐开启了整张专辑都趋于主打的阶段，这张专辑开启了我对音乐世界的全部渴望。那时候，我每天都如向日葵一般积极向上，妈妈给我买了一个 CD 机，每一首歌都翻来覆去地听。与《范特西》相比，这张专辑在风格上没有太大突破，并且曲目编排与上一张专辑类似，就像《爷爷泡的茶》对应《上海一九四三》，《龙拳》对应《双截棍》，还有像《龙卷风》一样的《半岛铁盒》，那些温暖的旋律每次听起来都带我们回到过去。《米兰的小铁匠》是专辑中一首比较旋律化的作品，叙事化的歌词加上清新悦耳的旋律令人耳目一新，再快进十一年，你会发现 2014 年的《比较大的大提琴》和《米兰的小铁匠》有异曲同工之妙。这时候，外界都称呼他为小天王。几首 R&B 主流情歌加上几首曲风怪异的周杰伦叙事，齐刘海的懵懂少年，《回到过去》MV 里的经典形象，就这样走过了我的十四岁。

第四乐章　2003 年 《叶惠美》 温暖初二

这是最经典又最具特色的一张专辑，以妈妈的名字命名，足以体现周先生的孝心。这一年，《东风破》让中国风歌曲走上巅峰，杰伦登上《时代》周刊的封面，成为继王菲、张惠妹之后，第三位出现在《时代》周刊封面上的华人歌手。这一年忙碌的中考并没有让人有太大压力，总是想着，好的音乐可以一直伴随自己的学生时代，而此刻，周杰伦的音乐版图正在以我们想象不到的方式继续扩张。

第五乐章　2004 年 《七里香》 无压中考　清晰高一

还记得 2004 年的那个夏天吗？清晰地记得那天是 2004

年 8 月 3 日，从那以后，每一个周杰伦出专辑的日子，都成为让自己狂欢和一年来与自己对话的日子。因为杰伦的音乐，时间的年轮仿佛也跃然纸上，又在心里蔓延生长。再难的日子，有了杰伦的音乐，都是如此充满能量。《七里香》突破了很多亚洲专辑销量的纪录，也是从《七里香》开始，杰伦的音乐从小众逐渐转向大众。还记得那首大街小巷音像店一直播放的《七里香》吗？那是我们梦里最美的旋律。后来的魔天伦演唱会、跨时代演唱会，《七里香》永远是大合唱，那是大家对青春所有感情的升华。"你是我唯一想要的了解"这一句响起之时，便是体育场最拥挤的时刻。

　　第六乐章　2005 年　《十一月的萧邦》 感伤高二

　　这一年，从小带大我的外公去世了。那时候，最喜欢的《夜曲》陪我走过了太多难熬的岁月。高二繁重的课业几乎要把人压垮，但是每每听起杰伦的歌，总让人不由自主地憧憬长大以后的那些惊喜和美好的画面。杰伦是一个追求完美的人，在音乐的王国里总是给人惊喜；他又是一位颇具古典气质和诗人气质的音乐家，《十一月的萧邦》融合了古典的周杰伦和现代的周杰伦。这一年，杰伦出演了人生第一部电影《头文字 D》，他说，男生对生活的热爱及对梦想的渴望和七年前的自己很像。

　　第七乐章　2006 年　《依然范特西》 繁重高三

　　2006 年 9 月，杰伦发行了第七张国语专辑，这张《依然范特西》一直听到了 2007 年，如果一切可以重来，这是我最想回到的那一年，高三繁重的课业压力，让我很长一段时间无暇顾及周杰伦出了什么新歌，然而每次听到熟悉的旋律总是感动万分。《千里之外》《菊花台》这些很多后来耳熟能详的经典，在那个时候又一次被颠覆，前途和方向好像很模糊，但又因为有杰伦的音乐变得分外清晰。

第八乐章 2007 年 《我很忙》 加油补习

2007 年 11 月，《我很忙》问世。大家说，这个专辑的名字的确充分说明了杰伦那时的状态。从《牛仔很忙》就感受到他的突破，对美国西部和乡村音乐的初次尝试。这样的曲风不仅在周杰伦这里，在中国流行音乐中都很难听到。《我很忙》一如既往蝉联亚洲唱片销量榜冠军，《蒲公英的约定》《青花瓷》这些歌都成了后来的经典，现在的年轻人都一直传唱，《青花瓷》让杰伦再次登上央视春晚的舞台。这一年的夏天，看了杰伦的导演处女作《不能说的秘密》，数年后依然记得那句："最美的不是下雨天，是曾与你躲过雨的屋檐。"

第九乐章 2008 年 《魔杰座》 初入大一

《魔杰座》专辑的名字取自周杰伦的星座"摩羯座"的谐音。主打歌《稻香》的灵感来自杰伦小时候的回忆，鼓励了很多青少年，让人产生回归自然的愿望，去追寻最朴实、最真诚的感动。《魔杰座》在 2009 年第二十届台湾金曲奖颁奖典礼上获得"年度最佳歌曲奖""年度最佳音乐录影带"，杰伦获得"年度最佳国语男歌手"称号。在北京流行音乐典

298

MEMORY

礼上,杰伦获得"年度最受欢迎男歌手""年度最佳制作人""年度最佳创作歌手""年度金曲"四个奖项。2009 年,他开始澳洲巡演,悉尼演唱会打破了华人在澳洲开唱的票房最高纪录,同年,他又被 CNN 评选为亚洲最具影响力人物。

2008 年汶川地震,他默默地把重庆演唱会的所有收入都捐给了汶川,而关于捐款超过四千两百万人民币的新闻,却是在很久之后才被爆出来。他的低调、内敛、善良,让每一个杰迷都为之感动。

十周年纪 2010 年 《跨时代》 感动大二

随《跨时代》接踵而至的是周杰伦超时代十周年演唱会。每次看完周杰伦演唱会,心情都难以平复,满脑子都是演唱会的种种,耳朵里依旧回荡着数以万计的杰迷随着鼓手的节奏,齐声呐喊"周杰伦"这三个字的声浪。

演唱会八点开始,音乐一响起,全场数万人欢呼起来。第一首歌《龙战骑士》,杰伦刚出来,大家眼中的泪水忍不住地流了下来。演唱会大屏幕放起杰伦的十年回顾时,许多杰迷都再次流下了感动的眼泪。那眼泪里有我们的成长、收获、欢笑、痛苦。有周杰伦陪伴的青春就这样一去不复返了。整场演唱会,呐喊声没有停过。这一年,杰伦和兄弟们拍了《熊猫人》,他说,收视率再高也难以抗衡他的伟大理想,他们都是自己一辈子的朋友;他说,将来要建一座 Mr.J 大楼,让他们都住进去。这时,杰伦的世界里出现了一个叫"昆凌"的女孩子。

### 开启下一个十年 2011年 《惊叹号》 匆匆大三

《惊叹号》是周先生的第十一张专辑，在 2011 年 11 月 11 日这个"世纪光棍节"亮相。整张专辑不仅融合古典、跨界、流行等多种变化的音乐曲风，而且糅合了美声、京剧、RAP、B-BOX 等唱腔。周董的新曲风让每个歌迷都回归了童年时代。卡通的专辑封面具有美式漫画风格，杰伦化身为水手，驾驶"惊叹号"船舰，坐在船沿钓鱼，心想着要钓到什么大鱼，但是，背后有一只章鱼正在抓弄他，这也是《惊叹号》命名的缘由。这一年，媒体拍到了杰伦和昆凌手牵手的照片。当时很多人都说，如果杰伦娶了昆凌，就再也不会爱他了。

### 周氏情歌回归 2012年 十二新作 驻足研一

12 月 28 日，《十二新作》专辑发布。很多人说："我们熟悉的周杰伦回来了。"这一年，你登上了福布斯中国名人榜，并且名列榜首。

### 音乐歌舞片的复古怀旧 2013年 《天台爱情》原声带 青春大四

杰伦导演了自己的第二部电影《天台爱情》。7 月 11 日上映这天，去支持票房，看完充满童话气息的电影，突然明白他就是一个没有长大的孩子。从"秘密"到"天台"，周先生是有多爱"回到过去"，怀旧复古元素，鲜明跃动色彩，旋律一张一弛，情感纯真质朴，气氛轻松欢乐，典型周氏和声。每个节拍不由自主跟着舞动，出乎意料的结局，眼泪、移情，青春温暖热血，《天台》是心中那个温情唯美的理想国。在《天台》中看到了《简单爱》《星晴》。《天台爱情》成为华语电影音乐歌舞片的典范，同时入围了多项电影音乐大奖。杰伦自导自演了别人眼里平凡人爱上明星的狗血桥段，但在他看来，都是青春固有的形态，青春嘛，就是各种各样的痴心妄想。

这一年，杰伦还站在了北大"百年讲堂"上，他认真地说："如果有一天，你们累了，听到《简单爱》会觉得温暖，那我就没有白白在你们的青春里经过。其实我已经想好了自己的退路，我是唱片公司的老板，所以我会签你们喜欢的小朋友，让他们唱我写的歌，周杰伦的时代永远不会过去。"这一刻，台下掌声雷动、听众热泪盈眶，不为别的，就因为杰伦的那句"一直都在"。

### 第十五年  2014 年 《哎呦，不错哦》 入行研二

周杰伦就要结婚了，即将开启下一个人生阶段。很庆幸自己在 2014 年 11 月以一名媒体人的身份去参加《哎呦，不错哦》北京媒体发布会，现场播放了《手写的从前》全球首发 MV。听到熟悉的旋律，竟然热泪盈眶，那一刻觉得那个熟悉的杰伦回来了，也许从来都没有走太远。我喜欢那句"夜空霓虹 都是我不要的繁荣／或许去趟沙滩／或许去看看夕阳／或许任何一个可以想心事的地方／情绪在咖啡馆 被调成一篇文章、彻底爱上你如诗一般透明的泪光"作为一个媒体人，沉淀自己、潜心前行，对于自己热爱的事业秉持一种信仰和情怀，这些都是偶像教给我的。这一年，我即将从心爱的传媒大学毕业，回头想想喜欢了十五年的周杰伦，就像一场梦，

这场梦一做就是十五年。但是，这十五年里看着自己曾经不敢奢望的一切在周杰伦的一百多首歌曲里一件件都变成触手可及的现实，我想，这就是周杰伦的能量。

中国传媒大学和北京大学曾经是可望而不可即的梦，为了儿时的一首歌曲、少年时的一场演唱会、某一瞬间对偶像的关注，我一路来到自己梦寐以求的学府，也算是和最爱的人一起走一遭。虽然路上有时候寂静得可怕，但是却收获了可贵的成长。一想到这，还是很庆幸。人要知足，不能什么都要。成为更美好的自己，才是人生的真谛。

后来，只是感叹青春真的太短暂，这十五年就这样弹指一瞬间轻而易举地走过，只有周杰伦的音乐像一把带有刻度的标尺，丈量着青春里那些瞬息万变的魅力。这十五年里，曾经鲜活的那些面孔都已不复存在，不知道他们现在在哪里，是不是在这个世界的某个角落安静而满足地活着。但是这些都不重要，只要想起曾经熟悉的旋律，那些我们唱的回忆的歌，就会带着回忆，来找我。这十五年，一个刚出生的婴儿也变成有思想的少年了吧，这十五年可以经历时代的变迁，可以经历人生的生死。直到有一天发现，青春片的受众也不再是自己了，才感叹时光飞逝。但是无论如何，有过周杰伦的青春是何其的璀璨夺目。

去看过无数次周杰伦的演唱会，每当我觉得社会冷漠、世界黑暗、人生苦短、明日未知时，我都会想想，那些曾经美好的像壁画一样的时光，它让我相信，这个世界曾经存在的真挚，曾经宏大的温柔。愿你我记起同一个晴天，来年，我们继续去听周杰伦。

尤丹

# JAY 音乐伴我成长

2015 年 1 月 18 日，这一天对于我来说有着特殊的意义，因为这一天正是我参加博士研究生复试的日子。而这一天对于我的偶像周杰伦来说更是一个特殊的日子，这一天是他三十六周岁的生日，同时也是他完成大婚的日子。对于听着周杰伦的音乐长大的我们来说，这一天是一个值得纪念的日子，因为这不仅仅意味着周杰伦从此将成为"别人的新郎"，更意味着一个青春时代的告别。因此，这一天值得我们做点儿什么来表达杰迷对周杰伦的深深感谢。于是，我写下了这篇我的追星岁月的故事，这不仅仅是因为我想回到那个美好的过去，也是对我的偶像周杰伦的致谢！

### 第一章　初中时代的首次结缘——《JAY》

初次认识周杰伦刚好是我读初三的那一年，那时我正在认真准备中考。也就是这个时候，周杰伦刚刚发行了第一张专辑《JAY》，我的初中同桌特别喜欢他。一天晚自习，同桌偷偷听 Walkman，被我发现，他却硬是递了一只耳机给我，一起听了那首节奏非常快的《双截棍》。说实话，当时我完全听不清他在唱什么歌词，因此并没有留下太深的印象。

真正喜欢上周杰伦，还是我高一的那一年。那时，高中开始实行寄宿制，我们平时都是集体住在学校的宿舍里，当时有一个同学从湖南转学到我们班，刚好和我同桌，又在一个宿舍。印象很深刻的是，他来宿舍的第一天就拿出我们平时用来听英语磁带的复读机放起了周杰伦的歌。这首歌对于我来说意义非凡，因为就此我爱上了周杰伦的歌，那是一首我从未听过的轻快美好的曲调，歌的名字叫《暗号》。

"我想要的 想做的 你比谁都了 / 你想说的 想给的 我全都知道 / 未接来电没留言 / 一定是你孤单的想念 / 任何人都猜不到 / 这是我们的暗号……"不知是不是这首歌的原因，我和同桌成了无话不谈的好朋友。那时，周杰伦又出了一首新歌《东风破》，这首歌让好多人知道了"中国风"这种曲风。不得不说，这首歌也让我爱上了中国风歌曲。方文山写的歌词总是那样地充满意境，他们合作的中国风歌曲，一首首都成为歌坛上的经典曲目。

渐渐地，周杰伦的歌火遍全校。男生在操场上对着路过的女孩们唱，"爱情来得太快就像龙卷风"，"我给你的爱写在西元前 / 深埋在美索不达米亚平原"。我们一起买他的每一张卡带，放在 Walkman 里面整天地放；我们分享他的每一首歌，欣赏每一首歌的歌词。我们都觉得这个穿兜帽衫、会打篮球的男孩子有着无与伦比的魅力。渐渐地，他在流行歌

304

MEMORY

坛上的名气愈来愈响，名字也从"Jay"变成了"周董"。"故事的小黄花 / 从出生那年就飘着 / 童年的荡秋千 / 随记忆一直晃到现在……"高中时，我们宿舍的床头床尾都贴着周杰伦的海报，每天都希望看着他的海报、听着他的歌入睡。

　　第二章　高中疯狂的追星——《依然范特西》

　　高中时，我经常去书店，一次无意中看到周杰伦出了一本写真集叫《D调的华丽》。看到它的第一眼，我异常兴奋，但由于这本书外面是塑封的，只要不购买，书店就不让打开。那本书的价格对当时的我来说，还是挺高的。于是，从那天开始，我省吃俭用，每次放学回家经过那家书店的时候，我都会进去看看，担心那本书会卖断货了。终于在攒了一个多星期的生活费之后，我飞奔到那家书店把那本书买了下来。我欣喜若狂地拆开封面，开心地翻着每一页，也不知翻了多少遍，都还看不够。读完这本书，感觉对他的爱又增加了！酷到骨子里的 Jay 式文笔，把亲情、友情和爱情故事展现得无与伦比。这本书让我从不同的角度了解了孝顺的他、勤奋的他、喜欢耍帅的他！书中还有百余幅精美图片，最帅的周董、最酷的周董完全呈现，让我获得了完美的视觉体验！至今翻起这本书依旧爱不释手。

　　高中还有一件印象很深刻的事情。高考那年，我攒了很久的钱买了一个 218MB 内存的 MP3。我第一次走进网吧，摸索了很久，下载了周杰伦之前出的每一张专辑的歌，然后都拷贝下来。当时，杰伦出了一张新专辑《依然范特西》，好像他也希望回到过去。"想回到过去 / 思绪不断阻挡着回忆播放 / 盲目的追寻仍然空空荡荡 / 灰蒙蒙的夜晚睡意又不知躲到哪去 / 一转身孤单已躺在身旁……"回到我们青春的岁月，十六七岁已是懵懂的年龄，我们就这样伴随着杰伦的歌度过了青春的高中三年。高中毕业的那年暑假，杰伦拍的电影《不能说的秘密》上映，我马上拉着自己的好朋友去看。我看着荧幕上杰伦弹钢琴耍酷的画面，遥想马上要到来的大学生活，心中充满了莫名的期待。

### 第三章 大学激动的演唱会——《魔杰座》

进入大学后，我还是和以前一样等待着杰伦出新专辑。因为大学新生第一天报到要去办理新手机的电话卡，当看到移动营业厅门口的宣传广告栏中贴着杰伦的海报时，我毫不犹豫地办理了动感地带的电话卡，原因很简单，就是因为这个品牌是周杰伦代言的。那时，杰伦还代言了服装品牌"美特斯·邦威"，于是，我高中和大学阶段穿的衣服很多都是这个牌子的，我想这就是偶像的影响力吧。我的大学是在武汉读的，经常有机会去看演唱会。大二那年，我听一个同学说动感地带营业厅搞活动，可以充话费送杰伦演唱会的门票。我立刻跑到学校的动感地带营业厅咨询，得知充一定额度的话费可以换取周杰伦武汉演唱会的门票，我立刻毫不犹豫地充了将近一千元的话费，为了得到一张他的演唱会的看台票。置身演唱会的现场让我热血沸腾。但因为预支了生活费，那两个月过得的确有点"艰苦"。

　　演唱会那一天，我手里攥着门票兴奋地跑到沌口体育馆。我和同学约好，早早来到体育馆，想到将第一次亲眼见到偶像，心脏激动得"砰、砰"跳个不停。周杰伦出现的那一刻，我们激动得一起高呼他的名字。整场演唱会中，我们和他一起唱着一首首歌怀念着过去，那种感觉实在是太美好了。特别是当杰伦唱到我最喜欢的《珊瑚海》《暗号》时，我的眼泪都快掉下来了。我知道，这是感动的、幸福的泪水。那次，我还从演唱会现场的小贩手里买了好几张杰伦的亲笔签名照和海报做纪念。这一切伴随我度过了一整个愉快的夏天。

　　第四章　音乐伴我渡过难关——《惊叹号》

　　大学毕业的那一年，我忙着考研。刚开始，我所在宿舍的同学都准备考研，但是到离考试还有两个月的时候，他们都放弃了，只有我坚持下来继续复习。那段时间真的感觉特别孤单，每天一个人早起背书，晚上也学习到很晚才回宿舍，甚至经常到宿管阿姨关宿舍门我才回来，而当时能让我坚持下来的一个很重要的原因就是有杰伦的歌相伴。他的歌就是支撑着我前进的精神动力。那段时间，我每天把 ipad 带在身上，当我觉得很累或感到心烦的时候，只要一听他的歌，心就会静下来，心情会好很多。我甚至慢慢养成了边听他的歌边看书的习惯。后来，我顺利通过了硕士研究生考试，在这里，我要特别感谢我的偶像杰伦，如果没有他的歌，我可能很难坚持下来。

　　在我考研前的一个月还有一个小插曲，杰伦又一次来到武汉开演唱会。那次，我犹豫了很久，因为研究生入学考试下个月就要开始了。但是思虑再三，我还是买了一张演唱会门票。当然，这次不是充话费送的，而是用自己省下来的零花钱买的，但我觉得一切都是值得的。

　　攻读硕士研究生期间，我还是时刻关注着杰伦，耐心等待他的每一张新专辑，欣喜地去看他演出的每一部电影。一件非常有纪念意义的事情是，2013 年杰伦来福州开"魔天伦"巡回演唱会，这次机会我自然不会放过，还邀上我的三五知己一起去了。2015 年的夏天，新婚不久的杰伦又被邀请担任"中国好声音"的导师，家庭事业双丰收的他成为该节目有史以来最年轻的一位导师，他的加盟给节目注入新鲜与活力，也使节目的观众群体更加年轻化。我和杰伦同属摩羯座，好像冥冥之中有上天的安排，偶像伴随着我一起度过了人生中好几个有转折意义的时刻。我想，"周杰伦"这三个字会永远伴随着我的一生，他的音乐将伴随着我人生中每一个重要的时刻。

　　青春有你的音乐真好！谢谢你，Jay！

罗贤宇

# 生命交织的华丽乐章

雨天，房间里反复纠缠着《反方向的钟》的歌词和旋律，过去的画面一幅幅流转，快乐的或者悲伤的，安静的或者吵闹的。人总是生活在情绪的围城之中。豆蔻年华，没有经历人生的疼痛之时，充满期待地想象虐心的悲伤；而身处生活的真实沼泽中之时，却厌倦生命的迷雾，只愿看到清晨依旧升起的朝阳。如果时间可以逆流而上，我愿意回到那个只有《反方向的钟》的单纯夏天，重头爱你一遍。

## 迷蒙神秘的暗调乐章

2000 年 11 月，《JAY》。

2001 年 4 月。炎夏酷热的教室，密密麻麻的数学公式爬满书本，教室里充溢着书本和卷子翻页的声响，闺蜜 C 却漫不经心地一边摇头晃脑，一边念念有词。"都快中考了，不复习，你在念咒啊？！"我趁势打落了她手中飞转的笔，白色的耳机线缠绕在她的发丝中。"哪个明星？"我八卦地把脸凑上去。"周——杰——伦""谁？"她笑而不语。我瞥了一眼卡带封面上那个带点儿卷发的酷酷男人，不屑一顾地转过脸。

那时的我，如果知道，这简单的名字会像无休止疯长的藤蔓一般缠绕我的整个青春生命线，我会愿意早一些爱上你。

我，正牌乖乖女，在"封建专制"的家庭压迫下，不赶时髦不跟风，不打耳洞不化妆，不谈恋爱不动手，每天穿标准的校服准时到校，从不逃课，学习是人生的唯一信仰。我对闺蜜C及其他同学的追星幼稚行为极为鄙夷。他们总是跟风，总是见异思迁，"周杰伦"不过也是一阵吹过就散的风吧。出乎意料，这阵风吹得有点久。两个月后，闺蜜C依旧天天听着那盘"周杰伦"三个字都快被磨光的卡带上学放学。每天听着她哼哼唧唧，我终于忍不住一脸嫌弃地问她："你天天听的是什么歌？是你唱不清楚还是他唱不清楚？"她狡黠地一笑："你不懂。""我不懂？！""你听。""迷迷蒙蒙／你给的梦／出现裂缝／隐隐作痛""誓言太沉重 泪被纵容／脸上汹涌 失控……""每一秒钟都有不同 你不懂／连一句珍重 也有苦衷 也不想送……"纠缠沉重的歌词，心痛失控的旋律，一切排山倒海的疼痛情绪向我袭来，失控，沉沦。初显文艺女生忧郁气质的我，疯狂地热爱伤痛、迷离、浪漫、纠缠和苦虐。雨天的下午，《反方向的钟》，单曲循环，我在地上坐着，静静忧伤。

那时，《星晴》《娘子》《龙卷风》等歌曲已红遍街头巷尾，骨子里与生俱来的叛逆让我对大多数人的喜欢嗤之以鼻。我听着你不太出名的《伊斯坦堡》《印第安老斑鸠》，沾沾自喜于只属于我的神秘莫测。欧洲飘过来神秘的巫术宗教气息，营造着神秘诡异的氛围，充溢着印第安的神秘传说、古老的教堂城堡和会说话的老斑鸠，嘻哈调皮的节奏，对立戏谑的丰富意象，躁动着我骨子里不安分的神秘细胞。

2001年9月，《范特西》。

2002 年 9 月,高中。我对古旧神秘晦暗气息的嗜好依旧。
《威廉古堡》延续《伊斯坦堡》《印第安老斑鸠》的神秘曲风。
这首歌的旋律较之前更为晦暗萧瑟,歌词充满灰暗色调,如
大量使用"荒芜""咒语""占卜""坟墓""恍恍惚惚"等迷
幻语词,描绘中古时期落魄、凋敝的骑士家族景象,古堡中
有"不会骑扫把的胖女巫"、"一只会说法语举止优雅的猪"、
"拥有一双蓝色眼睛的凯萨琳公主"、吸血的"古堡主人"等,
这些语句一起描画出荒芜古堡中的画面。低沉暗哑的旋律萦
绕在画面中,歌曲显得神秘而又灰暗、离奇而又玄幻。

### 情愫初萌的酸涩音符

2003 年 7 月,高一。我看着物理试卷上血红的"45",
对理科充满绝望。那一年,你唱起《东风破》。

2004 年 6 月,高二。我决定选择钟爱的文科。2004 年 8
月,你的新专辑《七里香》飘到学校的唱片店,摆在最显眼处。
那个夏天,空气中充斥着清新而又简单的味道,繁重的功课
抹不去休息时耳中你的陪伴,你的歌声回荡在我迎风回家的
路上。《七里香》中方文山的淡淡的诗味,《我的地盘》中对
"自我"个性的彰显,《外婆》没有看到"我"上台的难过,
象棋中如两军对垒般气势如虹的《将军》,甜蜜的《园游会》,
分手的《搁浅》,回到春秋战国时期的《乱舞春秋》,反对战
争给孩子带来伤害的《止战之殇》。你的歌不同于当时的流
行歌曲,词中只有情爱。你的歌曲风多变,内容广泛,抒情、
张扬、低徊、率性、甜蜜、忧伤。

十七岁，我渐懂人事，因为你的专辑，初尝人情酸甜。坚守不谈恋爱、短发调皮的我，却被一些人默默喜欢着。右侧后方的同学，总是上课凝视我，口口声声"我喜欢你"，我只有面红耳赤。他和同桌都是超级杰迷。他买周杰伦的所有新专辑，借我；海报，送我。他的凝视让我无法专心学习，我只得和他谈判，他执意不改，谈判破裂的结局是我把周杰伦的所有专辑和海报都还给他。第二天，我的闺蜜告诉我，他把所有周杰伦的专辑都送给了她。我心中一酸，眼眶就红了，心中万般委屈，再也没有理过他。那青涩而又懵懂的青春啊！

### 红帐青纱中的古老旋律

2005 年，《十一月的萧邦》。

2005 年，大学一年级。我们去刚开始流行的 KTV 唱歌，充满新鲜感的我点了所有你的歌。我的世界被你再次惊艳，中国风进入我的世界。《发如雪》MV 中的江湖客栈、折扇、琵琶、剑客、红尘女子、摇曳的红烛、朦胧的纱帐、一饮而下的烈酒，古代与现代的穿越，痴缠千年的爱恋。《东风破》MV 中的轻罗红帐，穿着旗袍款款而行的女子、琉璃茶盏、青色笔架、摇晃的红色灯笼、飘逸的书法，书生佳人的凄美爱情。太多古老的中国元素，漫溢在我的眼前。仿古歌词透露出的古旧诗意、缠绵旋律，都深深地吸引着我，我仿佛置身古老的中国，感受穿越千年的缠绵悱恻的爱恋。你践行"一年一首中国风歌曲"的诺言，《菊花台》《千里之外》（2006）、《青花瓷》（2007）、《兰亭序》（2008）、《烟花易冷》（2010）、

《红尘客栈》（2012）、《天涯过客》（2014）。中国风歌曲自你始，席卷中国大地，模仿者众多，却无出其右。你成为中国风歌曲领域的皇帝，带领着中国风歌曲走向盛世。

因为你，我沉迷于中国传统文化，古诗、古文、古装、古建筑等。我的性情从不拘小节转为温婉细腻，放弃洋快餐只爱色香味俱全的中国菜式，从崇尚洋装到爱着花色旗袍，阅读没有断句的古文，面对春花秋月仿写迷离沉醉的唯美古诗，留意传统建筑艺术，欣赏中国书法和戏剧艺术。你的中国风歌曲为我开启了一个古老而又唯美的中国。

这些中国传统文化已经镌刻在我的生命之中，就如同你的乐章、你的音符、你的旋律与我的灵魂不可分割一般。你出道十五年发行过十三张专辑，勤奋努力。你三十五岁那年，如约结婚，生小公主。至今，我爱你十四年，在象牙塔沉寂十年，勤奋努力，博士四年级，即将毕业工作。我们都踏入人生的新旅程。我们的人生历程像琴键上跳动不止的音符，各自续写生命的华丽乐章。

郑丽霞

## 杰伦相伴的青春

记得那是我读高中一年级的那个夏大，一天傍晚，好友

在最后一节课传纸条给我："下课后操场看台见，给你听一
首好听的歌曲。PS：再告诉你一个秘密！（笑脸）"下课后，
我如约到了操场。她一脸喜悦地拿出一盒名称为《JAY》的
卡带，塞给我一只耳机。夏日傍晚的暖风和晚霞里，我第一
次和杰伦亲密接触。《星晴》轻缓悠扬的音乐响起时，我仿
佛看到自己和暗恋已久的同桌文同学手牵手在夕阳下漫步的
幸福画面。当我正陶醉在自己的幻想中时，好友问："《星晴》
这首歌是不是很好听？"我使劲点点头。她说："我也觉得，
而且不知道为什么，我一听到这首歌就总能看到我和文同学
手牵手一起漫步的场景，你说我是不是有点喜欢他啊？你听
这首歌的时候有没有想到谁呢？"

  我当时手里提着刚买的晚餐，不知怎么一下子就洒了一
地，便惊慌失措地蹲下来捡那些根本捡不起来的食物。好友
问："你怎么了？"我说："没什么，我觉得这首歌挺好听的……
你喜不喜欢人家，你自己不知道啊？"好友羞涩地说："我
觉得我是喜欢他的，可就是不知道他是不是也喜欢我。他是
你同桌，你觉得呢？"看着好友脸上那只有刚刚陷入感情才
会有的小女生羞涩的甜蜜表情，我怎么忍心说"亲爱的，其
实我也喜欢他"呢？又何况，好友是班花，而我只是一个平
凡的人而已，他们才应该在一起。于是，我说："亲爱的，
你放心，你这么漂亮可爱，他一定会喜欢你的。"好友幸福
地笑了，而我借走了好友的那盒卡带，单曲循环听了一整夜
《星晴》。杰伦陪伴了我第一个准失恋的夜晚。后来，才子和

佳人终于在一起了，而我心里刚刚萌芽的感情却也在不可遏制地生长。但我知道，像我这样一个平凡的姑娘，除了好好学习真的没有别的出路，感情是太奢侈的事情，"想要对你说的不敢说的爱，会不会有人可以明白"呢？

读大学的时候，一次社团活动，一个男孩抱着吉他在聚光灯下唱了一首《星晴》，那个场景让我一秒就回到了高中一年级的操场，看到了我对爱情最初的幻想。我很喜欢他的歌，而他恰巧也很喜欢我，于是我们就牵手开始了真正属于我的"简单爱"。就像所有的校园情侣一样，我们一起自习、吃饭、逛街，挥霍青春，享受爱情，等待毕业，期待未来。

毕业，当所有情侣都在告别的时候，我们依然紧紧牵着彼此的手。他说，他会把"永远爱我"写进他人生诗篇的结尾，而我是他唯一想要的了解。日子平淡而幸福，我们一起努力憧憬未来，充实当下！尽管住在租来的房子里，但是我想，属于我们的家就在不远处等着，那是触手可及的幸福。我一直在幻想，有一天我的他会驾着七彩祥云来娶我。可是，四年匆匆而过，我还只是他的女朋友。终于有一天，我问他："你爱我么？"他没有回答。我又问他："那我们换个问题，你愿意和我结婚么？"他说："对不起！我觉得也许我们并不是彼此最好的选择。就像海豚和鱼相爱，只是一场意外！"我说："周杰伦都和昆凌结婚了，你真的就只给我一句'对不起'么？"他握着我的手，神情忧伤、目光坚定地说："我们分手吧。"我想说："可是，亲爱的，说好的幸福呢？"而我说出口的却是："好吧，那就这样吧。"因为我知道，有些爱只能给到这儿，我们再也不能回到过去了。

2015 年 5 月，周杰伦南京演唱会，我拿着两张票看了一场一个人的演唱会。听着杰伦一首又一首的歌，想起我第一次无疾而终的暗恋，文同学在我的心里永远定格在高一夏日傍晚的操场上，不论过去多少年，他就是那个白衣翩翩的少年，活在被《星晴》的旋律勾画出的爱情幻境中。那时觉得很痛苦的暗恋，现在看来也不过是一段回忆而已。看看身边的空位，摸摸心里的空洞，我知道，时间是一味解药，也是我现在正服下的毒药；我也知道，有一天他终会成为没有温度的回忆。但是，我相信，像杰伦那样，说好的幸福总会来到的！

王亚楠

## 那些曾经的岁月

早中期的周杰伦陪伴我走过了最青春的岁月，起初听他的音乐是在高中学习最艰苦、压力最大的时候，那时听音乐的工具是收音机。每当周董发新专辑，我就会去书店买来五元钱一盒的磁带，《JAY》《范特西》《八度空间》《叶惠美》《七里香》……每张专辑都听到卡带不能再听为止。2005 年读了大学，校园逐渐盛行 MP3 和 MP4，我省吃俭用买了一只内存仅 64MB 的 MP3，空间有限，却总塞满听了无数次的他的新旧作品。可以说，听杰伦的音乐已经成为我的一种情结和对逝去的青涩、美好青春的回忆。

周杰伦开创了华语乐坛的新纪元，他独创的 R&B、中国风，推动了中国流行音乐的发展。以"无与伦比"一词来形容他，估计没有人会不赞同。他是流行乐坛的传奇、丰碑，是载入流行音乐史册的经典歌手。从歌曲的题材来说，他早期的歌曲抒发最多的是青春的张扬，以及一个年轻人对于世界万象的看法。从叙写战争的《最后的战役》《止战之殇》，到描写家庭的《外婆》《爸我回来了》，再到反思环境问题的《梯田》，在那个流行音乐盛行无病呻吟的年代，每一个听过杰伦音乐的人都会留下无比深刻的印象。从 MV 的角度来说，周杰伦早期和中期的 MV 都保持着较高的水准，可以称作很有质感的微电影。拍《夜曲》MV 取景纽约的凄美雪地；在威尼斯拍的《四面楚歌》MV 风格独特，周迅出任女主角；在日本拍的《七里香》MV，樱花漫天飞舞；在威尼斯拍的《黑色毛衣》MV，重金租下古堡；《你听得到》MV 取景圣维图斯大教堂、布拉格的查理斯大桥；在洛杉矶拍的《双刀》MV，好莱坞班底制作；在意大利、罗马拍的《以父之名》MV，讲述黑手党的故事，更是和这首歌一样堪称巅峰之作。

周杰伦是真正意义上将 R&B 提升到中国流行音乐主流高度的人，他的出现打破了中国流行乐坛长年停滞不前的局面。他也为饶舌（Rap）这种音乐形式在中国的传播做出了巨大贡献，如《龙拳》《双截棍》《忍者》等歌曲，被中国年轻人广泛接受，也使很多人第一次认识到这种音乐形式。周杰伦在中国流行音乐发展史上留下了不可磨灭的印记，其创作思路对中国流行音乐的影响深远，很大程度上提升了词曲原创人在华人音乐界的空间。他开创了现代流行音乐"中国风"的先河，对中国风歌曲的兴起和在世界范围的传播做出了杰出的贡献，如，《发如雪》等歌曲曾被各国歌手翻唱、外国驻华领事馆官员曾经献唱《东风破》来表达对中国的友好。他的中国风歌曲带着古色古香的中国味道，具有含蓄、优雅、忧愁等风格，如《菊花台》《青花瓷》等。歌词内容上，主要以弘扬中国文化为主，包含中国武术文化、中医药文化、中国瓷文化等。正如周杰伦在访谈中一直强调的："我们不要崇洋媚外，我们老祖先的辛苦不能白费，我们要因为我们是中国人而感到骄傲……"

周杰伦是近年来为数不多的不靠关系走红的典范。正如当他成为第四季"中国好声音"评委之一时，网上流传的一个段子所言："这一季的参赛选手就不要变着花样秀自己家庭多么残破，身世多么不堪，未来多么迷茫了。面对周董这个曾经高考落榜，因患强直性脊椎炎而经常遭受病痛折磨，父母离异、跟着妈妈长大的，有点自闭的年轻人，你们还是多专注在歌上吧！"虽是段子，但一点儿不虚，句句掷地有声。周杰伦目前的演唱事业似乎有所下滑，但我相信，他的音乐质量和音乐能力没有退化，原因应是他减少了投入在音乐上的时间。周杰伦是一个把一张专辑的每一首歌都做成精品的音乐人，他早期的专辑之所以如此出类拔萃，和当时他在音乐上的全情投入是密不可分的。但自从他涉足影坛，以及成立自己的杰威尔公司，花在音乐上的时间就没有以前充足了。好东西永远是需要精雕细琢的，杰伦的音乐亦是如此。曾经的我迷醉于他的辉煌，现在的我心平气和。

感恩在我的青春岁月里，上帝赐给我这个世界上最牛的流行音乐天王——周杰伦。

郭永济

# 故事里的小黄花

差一个多月我满二十一岁，喜欢了周杰伦十三年，占据了我迄今为止一大半的人生。读小学的时候，会因为别人说他一句，上着课就和人吵起架来。那时候，我觉得自己蛮酷。我的偶像呢，自然也是蛮酷。读初中的时候，我曾经认真地抄歌词，厚厚的一本。我从不掩饰对他的喜欢、爱慕、崇拜。身边的朋友从嘲笑、调侃我对他的痴迷，渐渐改变为一旦他发了新专辑会立刻告诉我。

多年过去，我已经不是那个看到别人黑他就上去据理力争、声嘶力竭和人吵架的小姑娘，但却比很多年前他刚出道时更在乎他了。最近的两年时间里，我会听陈奕迅、杨千嬅、筷子兄弟、孙燕姿，听摇滚，听歌剧，但是伤心的时候，还是听他的歌。一个人在外地上学，感觉与人格格不入、不被别人认可的时候，想回家的时候，莫名其妙愤怒的时候，工作加班到深夜的时候……我还是只能听他的歌。甚至于连听《简单爱》也能哭出声音来，这不是别的什么歌手能带给我的。

我是在怀念那个青涩的周杰伦和那个青涩的自己。很庆幸，这么多年过去，已经有了不止十首能带给我安慰的他的歌；很感谢这么多年过去了，还有他的歌能继续给我安慰。

大一的时候，我看了人生第一场他的演唱会，280元的门票的位置在看台区的最后面，是被歌迷们戏称为卡拉OK区的地方。我特意早早去了场地，坐在自己的座位上，带了一瓶水、一大包抽纸。我想，我会哭个天昏地暗才罢休。但是，没有。我不知道为什么眼睛酸涩得很，却一滴眼泪都流不出来。唱到《晴天》的时候，我的情绪几乎要崩溃，但还是哭不出来。这么多年，我最喜欢的人就站在我的对面，即使相隔很远。我微笑了两个多小时，跟唱了两个多小时，我回应他的问话，他说，大家好久不见了啊！我小声回答，好久不见，亲爱的周杰伦，好久不见了啊！

旁边坐着的是一个姐姐和她的几个朋友，操着东北口音，打扮得花枝招展。开场前，她们在闲谈，谈话的内容大致是说，过两天还有某某的演唱会，反正无聊也可以去啊。我以为，她们只是无聊且有闲钱的人罢了。直到杰伦唱到《双截棍》，姐姐拼命在挥手，我都记不清的歌词，她一字不差地全部跟着唱了出来。杰伦后面唱《乌克丽丽》，她笑着扭头和旁边的朋友说，啊，新歌就不行了啊，没怎么听过呢！

很多人说他的歌不如以前了。但是，我想这里有一大部分人是和这个姐姐一样的，很少听他的新歌，但旧歌却怎么都不会忘掉。这是流淌在血液里的东西。但是，不会唱新歌，不影响还喜欢他、在乎他，不影响还是要来看他的演唱会，不影响依旧会情不自禁地唱出声来。这是我们的最好的时候。

我时常在想，如果有一天我不再默默无闻，一定要在一个阳光正好的时候去见他。也许那时我是一个记者或者从事其他什么职业，但是一定要让我能够面对面和他说一句：哈喽，周杰伦，这次真是，好久不见。

李婧煜

写在前面：教育部前发言人王旭明老师在 2014 年周杰伦北京演唱会之后，心绪难平，连发十二条微博表达自己看了两场演唱会后的感想，盛赞周杰伦的才华和人品，仍意犹未尽，又追发几条，为周杰伦所受的质疑叫屈。读完王老师的这十几条微博，对他所言"没有偶像的时代是可怕的，有了偶像而不去欣赏、体味、感悟和学习，更可怕"这一金句深以为然。追逐偶像，可以从一个城市飞到另一个城市，从守机场到蹲酒店，再跟到活动现场。高速运转的时代里，我们从来没有输给过距离，相机照片的高清像素里，流转着的是一场场刻意的"邂逅"，内存卡里也从来不缺美丽的相遇，但我们的纸上，是否还留着一片纯白？忘了多久没用文字去描摹他了，寥寥几笔，愿与一直以来紧紧追随杰伦的杰迷们共勉。

## 青春永远是死穴

周杰伦说我们"脑袋有点问题"，对，我们的确有病。一病十余载，但是不仅没有沉疴不起，反而越病越精神，想必缘于浪子膏郎中一直在"点点点"我们的穴。魔天伦演唱会上，《天台爱情》舞台剧的新曲目除了旋律，歌词没记得多少，唯独这一句"我点点点你穴"，从预告片中翩跹而出，绕梁三日终成洗脑经典。

虽说闲处光阴易过，可是以周杰伦从不闲着的节奏，这段光阴依旧是白驹过隙。在2013年演唱会首站上海时，还在说着"十一年"，立马被台下歌迷纠正为"十二年"，于是从上海到北京，就再也不改口了。想必，十二年是照应着十二张专辑而来的，但是很多人都忘了，2009年杰伦没有发专辑。还可以这么算，2010年启动的"超时代演唱会"就以十年为主题，三载移易，如今已然积累到十三年。再或许，可曾想起 2000 年 11 月 6 日的《可爱女人》？迷迷蒙蒙，你给的梦，太过梦幻，太过迷人，以至于不知今夕何夕，因为你"有病"，我们也"有病"，所以时间奈何不了我们，梦短梦长俱是梦，年来年去是何年。唯有心领神会这一路，我们相伴左右。

不短不长十三秋，应该没几人能青丝换白头，我们只是被卡在了青春的末梢，来不及回去。时移物换，但周杰伦异峰突起的音乐江山依旧如此多娇，前不见古人，后不见来者。连他自己都清楚地知道"能够超越周杰伦的，只有周杰伦"，仿佛也与他 2010 年说的那句"跨越自己才能跨时代"遥相呼应。他的自信从来不是空穴来风，更绝非目中无人。在很多人眼里，杰伦的超凡自信和他的谦虚有礼从来都是一个荒唐的悖论，但他们都忽略了一点，他的自信不是铲除异己般的病态，也不是傲视群雄的疯癫，而是以发扬华人音乐为己任，他要挑战的是日韩和欧美音乐的流行程度。而在华人音乐圈，他敬重所有前辈，也身体力行提携后生晚辈，甚至宽容对待让他躺枪的同辈。他在 2005 年出版的《D 调的华丽》中也曾说过，"做给别人看很简单，做给自己看却很难"，猛志固常在，他的言语不动声色，却总是字字有神，他用十三年的自我努力打通了我们的青春穴脉，也同时为自己找到了逆生长的穴位。

也许有人会嘴硬着说，杰伦的"魔天伦"演唱会不好看，但却被同伴发现，他在听七八首歌的时间里都在偷偷擦眼泪。周杰伦说他的吉他是时光机，的确，他穿着背带裤坐在高脚凳上，不紧不慢地撩拨吉他上的时光，故意用新编曲来有意无意地搅乱现实和记忆的交织重叠，改编过后的落字重音更是拆穿了假寐的过往情绪。不管你是从头爱到尾从未离开的"真爱粉"，还是以"我只喜欢从前的他，他现在变了"为矫情口头禅的"曾爱粉"，在这被吉他拨片划开的稀薄空气里，应该都在不约而同地想到他的背带裤带子怎么可以两边都扣上！

只缘感君一回顾，使我思君朝与暮。在最美丽的时间遇见的人，总叫人难以忘却。周杰伦就这般突然闯进我们的青春，用他的周式音乐，让我们三月不知肉味。你终究是那个自认粉红色很 MAN 的哎哟哥哥，而我们也不忍心告诉你，这个句式的老梗我们早就不玩了，取而代之的是我们日薄西山的青春之尾。"魔天伦"你唱了太多太多所谓的老歌，老到你自己要使劲翻歌词本才会想起吧，而一旦旋律响起，多少清晰却不再熟悉的面容情不自禁浮现，这一定是整个体育馆的夜晚最拥挤的时刻。但还好，这不是钢琴弹奏的《secret》，怕是穿越回去，就回不来继续陪着你一起老去了。

即便年华如朝露，但直至如今，还有多少媒体在报道周杰伦的时候习惯性地冠以"小天王周杰伦"这个从出道就有的名号，青春送走了我们，却撼动不了周杰伦。而当我们喟叹"岁既晏兮孰华予"之时，周杰伦的音乐一定会及时出现。再幻丽的"魔天伦"，也无法藏起周杰伦质雅简净的音乐童心。

我们都站在时间的两端，只是中间隔了一场青春。

即便"点点点"了死穴，但还不忘祝"大家身体健康"，浪子膏真会治相思病。

醋包

~~~~~~~~~~~~~~~~~~~~~~~~~~~~~~~~~~~~~~~~~~~~~~~~

## 杰伦伴我十年路

第一次听到杰伦的歌是在 2001 年秋天，一首《安静》忧伤又动人，但也没有留下太深的痕迹。次年夏天，伴着风铃声的《半岛铁盒》让我彻底爱上了杰伦的声音及他的歌曲。

小学四五年级时，还买不起正版 CD，攒了好久的早餐钱才能买下一张正版卡带，每天放学回家，放进随身听里戴上耳机，对着歌词一字一句地聆听与记忆。这样的时光过了好多年，以至于对杰伦早期的作品只要听见前奏响起，我便能迅速又准确地道出歌名。

初中时，杰伦慢慢红了起来，上下学骑车路经商业区，总能隐隐听见商店里传来他的歌声。而我也开始慢慢地一张张补买错过的那些专辑，依旧喜欢一遍遍地听。初三那年，杰伦受邀来厦门出席群星演唱会，朋友去了现场，轮到他唱时，朋友给我打了电话。电话那头是杰伦遥远又缥缈的声音，唱着我最喜欢的《简单爱》，我拿着电话听完了他的演唱，默默地跟自己说，以后一定要听一场他的演唱会。

高中以后，随着课业的日益繁重，听歌的时间也渐渐少了。但每出一张新专辑仍会第一时间入手，放进 MP3 里反复听。那几年，新人歌手层出不穷，杰伦一直被评论风格单一，已江郎才尽。可我依旧觉得，他是最好的那个。MP3 里的歌曲过段时间就会换一批，但唯独杰伦的歌永远有一席之地。他的歌初听没有多么惊艳，但却十分耐听，永远不会腻。

十几年来，杰伦一直坚持着自己的音乐风格，与其解读为单一倒不如称为独属于他的曲风。作为原创型歌手，在写出好歌的同时又具有自身独一无二的辨识度，这是太不容易的事儿。

后来，杰伦开始尝试着接触电影，从参演到自导、自演，我对他亦是一路关注。印象最深的莫过于 2013 年的《天台爱情》，坐在电影院里看着这部作品感慨万千。平心而论，这部作品也许不能与其他科班出身的专业导演、编剧、演员所完成的电影相提并论，可它就是独属于杰伦的电影。这部电影是他的梦，他所喜爱、所希望的一切都在其中展现得淋漓尽致。这是一份他送给自己的礼物。

有一年六月，周杰伦来到我在的城市举办巡回演唱会，我终于有机会去了现场。华丽的舞台与灯光、精美的服饰，还有熟悉的人与歌。我坐在台下，远远地看着他，轻轻地跟着他从头到尾唱完了每一首歌。那感觉，好似重新走了一遍青春。

杰伦，感谢你陪我走过的十多年，也希望今后的路上依旧有你的隔空相伴。

陈佳卉

JAY，我们永远和你在一起！

# 后记

【题签一】清代诗人赵翼《论诗》云："诗文随世运，无日不趋新。"当代流行音乐作为时尚文化的重要组成部分，更离不开创意、创新与创造。

时尚文化在当代文化发展及日常生活中扮演着越来越重要的角色——人类文化发展进入现代以来，时尚文化的颠覆性和大众性特征，使之在一定程度上成为文化发展的风向标和驱动力。而流行音乐作为时尚文化的重要构成部分，其更替节奏更加迅速，在"你方唱罢我登场"的激烈竞争中，蕴藏着无限的生命活力。

事实上，时尚文化并非都意味着审美肤浅与意义空洞，也并非都是纵情享乐和炫富夸耀的手段，它也有着前卫和深度的一面。

这本关于周杰伦的书，正是在时尚文化的大背景下来探讨的，它从酝酿到最终完稿，前后历经了三年多的时光。如今呈现给世人的这些文字和美术作品，凝聚了诸多粉丝的心血和才智——他们将对周董的喜爱与自身的音乐文化理想、知识素养融合在一起，表达的远不只是粉丝对偶像的追慕情怀，而且凝结了对当今流行乐坛、时尚文化种种现象的观察与思考。

这样一本迄今为止唯一多面向解读周杰伦的著作，其最初的起因，则可以追溯得更远。记得我喜欢周杰伦是从《青花瓷》开始的——音韵婉约、曲风柔美，古典意象、现代表达，让人心怡、令人迷醉。随后，他那些古典韵味浓厚又有现代感的中国风歌曲，如《东风破》《菊花台》《发如雪》《千里之外》《兰亭序》《烟花易冷》《红尘客栈》《天涯过客》，也无一例外地成为我生活中离不开的音符，随着岁月的流逝而流淌进我的精神血脉。而当时的我早已步入中年，对周董的痴迷程度远不如那些资深的、骨灰级的粉丝们，他们多半从读小学、中学时就是杰迷了，周董的每一首歌几乎都会吟唱。但与他们不尽相同的是，也许是出于职业习惯，我渐渐地从喜欢到试图探究周杰伦成功的奥秘究竟何在，他的流行音乐究竟具备了哪些魔力吸引了不同年龄和职业的人，进而思考传统与现代究竟以怎样的方式进行对接与融合，才能产生真正意义上的文化创造，产生今天人们所需要的文化精品。于是便萌发了写一本以周杰伦为考察中心，探讨流行音乐的审美特征、传统的创新性转化、时尚文化如何承载正能量等问题的著作。这样的初衷一经萌生，便在内心不断发酵，越来越难以遏制。可是，忙碌的日常事务总是令我难以将这一愿望付诸实践，更何况研究内容涉及音乐、演艺、电影、广告等多个领域，这让我意识到，仅凭我一己之力恐难完成这一夙愿。这便有了如今这样的结果：我费尽周折联系了一批来自高校、研究机构、出版社及民间的粉丝们或流行文化学者加盟，他们都具有高等教育及研究背景，确保了书稿的最终完成。

毫无疑问，这本书稿的写作与编辑是我的研究生涯中一次最独特的经历与体验——与众多粉丝作者满怀热情、携手同心来完成一件大家共同喜欢的事，无疑是一种不可多得的经历，但也由此带来种种困扰——既是粉丝又是研究者的身份，时常令我纠结于如何把

Your touch like brush strokes you hold color in my skin

The deep blue and pearl white glow like procelain

As I stare clear through the window that I'm locked within

I count the seconds to see you again

Possessions reach cannot hold beauty such as yours

Yet still its clouds shroud your light so your petals fall

Your flowers kiss I reminisce now I only see in picture frames


The sky is crying blue, as I wait for you

The fire in my heart burning white and true

A thousand miles the smoke is rising high both sides

I see your shadow outlined through

The sky still dark as I make my way to you

White moon light guides our way, fields of morning dew

Our world is greener on the other side so free

The time is calling


Perfection locked and untouched trapped behind this glaze

The shining white holds its shape so elegantly

Beautiful blue hides entwined hold its secret tight

All of its mysteries subdued beneath

These eyes have only one mind, set upon us two

My present, past and the future resides in you

Although the ink has come to fade

Its art and meaning still remain


新西兰歌手罗艺恒改编《青花瓷》英文歌词

控自身的情感而不致陷入盲目的推崇或偏颇的评价。我们尽量做到情感倾注与理性判断之间的平衡，让这样一本主要由粉丝研究者完成的著作更具客观性。

【题签二】宋代大文豪苏轼云："子由之文实胜仆，而世俗不知，乃以为不如；其为人深不愿人知之，其文如其为人。"这便是"文如其人"成语的出处。而以乐观人，或许能让我们了解一个不一样的周杰伦。

作为这本书的发起人与组织者，跟许多粉丝相比，我只能算是一个普通的爱好者——形形色色的骨灰级粉丝留下许多感人的故事：他们或不惜代价满世界追寻周董足迹，或十多年不改初衷笃爱周式音乐，或收藏无数纪念品变私人空间为小型博物馆，或痴念偶像而陷入情感的迷惘，或效法杰伦励志人生而高扬起理想的风帆。这一切，让人感佩，也令人沉思：周杰伦的魅力究竟来自何方？他与其他明星偶像的区别何在？他的精神内质又包含了哪些价值取向？

在制订全书框架和篇章内容的过程中，我与粉丝写作团队进行过无数次的交流与探讨，在从热切追慕到理性思考，从歌曲欣赏到影像分析，从舞台观赏到媒体评价，从音乐人生到人格修养等种种面向的考察中，对于周杰伦从艺品到人品所呈现出的独特审美风格与处世姿态，我们有了更多的了解、更深的体悟。

周杰伦创造了属于他自己的曲风，也树立起他独有的艺品。他开创了一个崭新的音乐时代，堪称当代华语乐坛的魔术师——从嘻哈风格到摇滚曲风，从忧伤情歌到婉约古韵，从另类 Rap 到电玩音效，从高亢歌剧到说唱结合，从巴洛克式到探戈旋律，从宗教福音到 Acid-Jazz 曲风，他如同音乐魔术师一般，将西方与东方、现代与古典、艺术与宗教、学院与民间等众多曲风巧妙融合，将多种音乐元素——甚至连日常对话与交谊舞曲都作为编曲素材，创造出一个奇幻的音乐世界。

周杰伦以自己的处世姿态立足于流行乐坛，形成他独有的人品。他追求音乐的精致完美，也以单纯本真的天性塑造着自身形象——其从艺与做人所体现出的正能量无处不在：他热爱音乐、严谨敬业、持才不傲，对创作精益求精，不惜精力和财力，力求别出心裁、唯美动人；他主张自立自强、不做懦夫，要"像蜗牛一样，一步一步地往上爬。如果你一直追求下去，那么，天下还有什么事搞不掂呢"；他不虚伪矫饰，坦诚面对公众，承认自己"爱装"，从不避讳过往；他从善如流、平易低调，赈灾助学、一掷千金，却不事张扬，励志而感人；他孝敬长辈，善待友人，对母亲孝顺有加，对朋友真挚友善；他热爱中国传统文化，竭力弘扬中国风歌曲，期望华语歌曲超越韩流，唱彻全球！

一次在高校开讲座，间歇之中与年轻教师聊起周杰伦，我顺手播放了在电脑中保存的一曲《天涯过客》，那教师一听，便说这旋律好耳熟。原来，他念初中的女儿最近一直在听这首曲子，于是略带诧异地说：不曾想管老师也喜欢周董。另一位朋友的孩子才刚上小学，竟也非常喜欢《鞋子特大号》这首幽默风格的歌曲，要求一遍又一遍地播放。这不仅让我感慨周杰伦的粉丝年龄跨度之大，更感慨在他出道十五年之后，依然有一拨又一拨的新粉丝加盟。

由此看来，周杰伦的音乐之路绵远亘长，他对流行音乐的探索和创造永不停歇，而我们对于他的关注和研究也不会停止。这本书中的文字仅仅是对周杰伦音乐道路的一个阶段性的记录。在感谢所有为这本书付出精力、贡献智慧的人们的同时，我们期待周杰伦能够带给世人更多新颖的歌曲，也期望我们这些还不够完美的文字能得到从粉丝到专家的指教。相信来日还有机会将这些篇章修改得更加精到、准确，到那时也一定会增添对周杰伦的新认知、新解读，以及对他新歌曲的鉴赏分析。

管宁

2016 年春

图书在版编目（ＣＩＰ）数据

魔杰座的八度空间／管宁主编．－ 镇江 ：江苏大
学出版社，2016.6
ISBN 978-7-5684-0212-5

Ⅰ．①魔… Ⅱ．①管… Ⅲ．①现代文化－文集 Ⅳ.
①G04－53

中国版本图书馆CIP数据核字（2016）第144374 号

魔杰座的八度空间
Mojiezuo de Badukongjian

主　　编　管　宁
责任编辑　顾正彤
装帧设计　米　兰
责任印制　常　霞
书画摄影　管　宁　曲鸿亮　王毅霖　文　中　陈燕榕
　　　　　邹秀锦　高小凡　付紫卫　刘锦堃等
出版发行　江苏大学出版社
地　　址　江苏省镇江市梦溪园巷 30 号（邮编：212003）
电　　话　0511-84446464（传真）
网　　址　http://press.ujs.edu.cn
印　　刷　南京精艺印刷有限公司
经　　销　江苏省新华书店
开　　本　880mm×1230mm　1/32
印　　张　11
字　　数　200 千字
版　　次　2016 年 7 月第 1 版　2016 年 7 月第 1 次印刷
书　　号　ISBN 978-7-5684-0212-5
定　　价　58.00 元

如有印装质量问题请与本社发行部联系（电话：0511－84440882）

前从前有个人爱你很久，但偏

又能再多爱一天，但故事的最后

被掠夺一空的爱情；我用凄美的字型，描绘后悔

已无法再爱上谁。风在山路吹，过往的画面全都是不对，细数惭

妄音都不对，你的改变我能够分辨。我想我是太过依赖

这份爱，知道不能太依赖，怕你会把我

手说不出来，海鸟跟鱼相爱，只是一场意外。听妈妈的话别让她受伤

的魔法温暖中慈祥。我会发着呆然后忘记你，接着紧紧闭上眼

习你给的温柔。雨下整夜我的爱溢出就像雨水，窗台

尾，你是我唯一想要的了解。乘着风游荡在蓝天边，一片

曲，纪念我死去的爱情，而我为你隐姓埋名，在月光下弹琴。最

的屋檐。我送你离开千里之外你无声黑白，沉默

打来生死难猜用一生去等待。希望他是真的比我还要爱你

因为我太爱你。我知道你我都没有错，只是忘了

们都没有错，只是放手会比较好过，最美的爱

人前，喜欢在人潮中你只属于

以女神之名许愿，思念像底格

难解的语言，传说就成了永垂

灰蒙蒙的夜晚睡意又不知躲到哪去，一转身孤单已躺在身旁。翻着

现在所服下的毒药。繁华如三千东流

风落的枫叶像思念，为何挽回要赶在冬天来之前，爱你

看着那白色的蜻蜓在空中

中起毛球的记忆。而我已经分不清，你是

像只有我疲惫。印象中的爱情好像，顶不住那

风渐渐把距离吹得好远，好不

你好像还是说了拜拜。 我用漂亮的

的那爱情。我一路向北，离开有你的季节，你说

我伤你几回断了的弦再怎么连，我的感觉你已听不见，你的转变像断

在挂电话的刚才，坚持学单纯的小孩，

坏，你的香味一直徘徊，我舍不得离开

想快快长大才能保护她，美丽的白发幸福中火

那一天会有人代替，让我不再想念你。风筝在阴天搁浅，想念还在等待救援

像诗里纷飞的美丽章节。我接着写把永远爱你写

落在我面前，捏成你的形状，随风跟着我，一口一口吃掉忧愁。为你

的不是下雨天，是曾与你躲

代或许不该太遥远的相爱；我送你离开天涯之外你是否还

才会逼自己离开。我真的没有天份安静的没这么快，我会

退后，信誓旦旦给的承诺，全被时间扑了空。

回忆里待续。 祭司神殿征战弓箭是

的那画面，经过苏美女神身

里斯河般的漫延，当古文明只

朽的诗篇。 思绪不断阻挡着回忆播放，盲目的追寻

照片，想念若隐若现，去年的冬天，我们笑得很甜。也许时间是一种

水，我只取一瓢爱了解

间，两行来自秋末的眼泪，让爱渗透了地面我要的只是

了前进，还能不能重新编织，

，还是错过的爱情。想哭来试探自己麻痹了没，

，所以你弃权。 终有一天，我